天哪！我20歲時在做什麼？
20歲應該要懂的事！

Things must know at 20

新生活是從選定方向開始的。
成功，方向比速度更重要。

用簡單的數學知識來說，兩點之間，直線最短。
假設以相同的速度行進，如果一個人有著明確的定位，
他會努力以直線前進，很快地到達他的目的地；
而如果一個人沒有看到目標，他就會漫無目的，
曲折前行，而且最終可能發現，自己又回到了起點。

二十歲以前，我們按著父母為我們畫好的路線圖，
在他們的悉心照顧與指引下，懵懵懂懂地讀完小學、國中和高中，
然後順利地升上大學或專科學校。

我們很少思考著未來的路該如何走，也沒有認真地考慮過自己想要什麼樣的生活，
心裡總抱著：「我還小」、「現在考慮這些還太早」的心態，每天得過且過。
現在回頭想想我20歲時到底在做些什麼？努力的仔細回想……天哪！……

| 侯紀文 | 編著

全方位學習系列：32

天哪！我20歲時在做什麼？：20歲應該要懂的事

編　　著	侯紀文
出 版 者	讀品文化事業有限公司
執行編輯	林美娟
美術編輯	翁敏貴
社　　址	22103　新北市汐止區大同路三段 194 號 9 樓之 1
	TEL／(02)86473663
	FAX／(02)86473660
總 經 銷	永續圖書有限公司
劃撥帳號	18669219
地　　址	22103　新北市汐止區大同路三段 194 號 9 樓之 1
	TEL／(02)86473663
	FAX／(02)86473660
E-mail	yungjiuh@ms45.hinet.net
網　　址	www.foreverbooks.com.tw
法律顧問	中天國際法律事務所　涂成樞律師、周金成律師
CVS代理	美璟文化有限公司
	TEL／(02)27239968
	FAX／(02)27239668

出 版 日	2012年02月

國家圖書館出版品預行編目資料

天哪!我20歲時在做什麼？：20歲應該要懂的事 / 侯紀文編著.
— 初版. — 新北市：讀品文化. 民101.02
　　面；　公分. — (全方位學習系列；32)
　　ISBN 978-986-6070-20-4(平裝)
　　1.成功法 2.自我實現

177.2　　　　　　　　　　　　　　100024106

20歲以前，我們按著父母為我們畫好的路線圖，在他們的悉心照顧與指引下，懵懵懂懂的讀完小學、國中和高中，然後順利的升上大學或專科學校。我們很少思考未來的路該如何走，也沒有認真的考慮過自己想要什麼樣的生活，心裡總抱著"我還小""現在考慮這些還太早"的心態，每天得過且過。

現在回頭想想，我20歲時到底在做些什麼？努力的仔細回想……天哪！……

當時我並不知道，20幾歲就應該要好好規劃自己的未來生活，在我們離開大學、步入這個社會前，是時候給自己定好位，為自己的未來選擇一個明確的方向了。

哈佛大學有一個非常著名的關於定位及規劃對人生影響的跟蹤調查。對象是一群智力、學歷、環境等條件都差不多的應屆畢業生。當時的情況是：27%的人，

沒有人生定位和規劃；60%的人，定位模糊；10%的人，有清晰但比較短期的目標；3%的人有清晰人生定位且長期的規劃。

二十五年後，結果發現那些有明確的人生定位及規劃3%的學生，二十五年間他們朝著一個方向不懈努力，幾乎都成為社會各界的成功人士，其中不乏行業領袖、社會精英；10%的人，他們的短期目標不斷的實現，成為各個領域中的專業人士，大都生活在社會的中上層；60%的人，他們安穩的生活與工作，但都沒有什麼特別的成績，幾乎都生活在社會的中下層；剩下27%的人，他們的生活沒有目標，過得很不如意，並且常常抱怨他人，抱怨社會、抱怨這個"不肯給他們機會"的世界。

其實，他們之間的差別僅僅在於：二十五年前，他們中的一些人給自己定好了位，知道自己到底要什麼，而另一些人則不清楚或不是很清楚。

用簡單的數學知識來說，兩點之間，直線最短。假設以相同的速度行進，如果一個人有著明確的定位，

他會像那3%的人，努力以直線前進，很快的到達他的目的地；而如果一個人沒有看到目標，他就會像那27%的人，漫無目的，曲折前行，而且最終可能發現，自己又回到了起點，或經過多年的辛勤努力後，卻兩手空空，一無所獲。

一個人真正的人生之旅，是從給自己定好位、設定好目標的那一天開始的。而一個清晰的人生定位和規劃會助他一臂之力，讓他提早邁向成功。

一個明確的定位與規劃能讓我們更清楚的知道自己要的是什麼，完成這個目標需要多少時間，期間會經歷多少挫折和磨難，如果實在達不成這個目標又該如何。它就像海上的燈塔，在我們遇到狂風暴雨的時候，給我們鼓勵；就像夜空裡的北斗星，在我們迷茫不知所措的時候，為我們指明方向，助我們繼續趕路。它也像一杯清香的濃茶，在我們累的時候，喝喝它，感受它的甘醇，繼續奮鬥。它也像一個軟棉棉的抱枕，在我們想退縮的時候，抱抱它，感受它的溫暖，繼續前行。

20幾歲無疑是人生最美好的時期。這個時候的我

們不怕困難、不怕辛苦。即使犯了錯、失敗了，也有"年輕"做後盾，大不了從頭再來。但是如果我們不能好好的把握住這段時期，給自己一個準確的定位以及清晰的人生規劃，多多磨鍊自己，只是繼續揮霍這段時光，那麼我們將無法攀登上人生的頂峰。

　　基於此，這本《天哪！我20歲時在做什麼？：20歲應該要懂的事》以有趣的故事和生動的說理闡述20歲就定位的重要性，從哪些方面定位，如何定位，告訴20幾歲的年輕人一些道理，點明一些現象，引導20幾歲的年輕人多做思考、多做嘗試，讓他們能夠有信心、有勇氣、有智慧的走下去，成功，方向比速度更重要。

　　希望本書能給迷茫中的年輕人一點指示，給還在美好幻想裡的年輕人一些提醒，給猶豫不前的年輕人一些開導，給挫敗的年輕人一些鼓勵。最後祝願每個20幾歲的年輕人都能找到自己的位置，繞開一些不必要的錯誤，過上自己想要的生活。

目錄

第一章　20幾歲已不小，別再迷糊了

20 years old !

CONTENTS

第二章　年輕時的夢想決定你未來的路

20 years old !

目錄

第三章　成功需要經過幾道彎

20 years old !

CONTENTS

第四章　有些錯誤不能再犯了

20
years old !

目錄

第五章　學會借助外力為成功加速

20
years old !

CHAPTER 1

20歲應該要懂的事

20幾歲已不小，別再迷糊了

20幾歲的年輕人之所以會把未來想得如此順利，是因為他們缺少閱歷。當他們步入社會後，才發現這個世界的複雜與艱苦。這個時候，年輕人就應該拋棄以前的幻想，回到現實的生活中來，坦然地面對生活裡的一切苦惱與困難。

現實生活跟你想的不一樣

在步入社會之前，大多數20幾歲的年輕人可能都做過這樣美好的規劃：現在努力學習，畢業後找一份好工作，憑著自己的能力大刀闊斧的拼一場；或者先在某家公司做個四、五年，累積點經驗，然後再自己出來開公司，用不了幾年，車子、房子、錢財就都會有了……這樣的想像讓20幾歲的年輕人信心滿滿，覺得前途一片光明。

可以等真正進入社會後，你發現與想像中的完全不一樣：憑著自己的熱情努力尋找工作，卻四處碰壁；拿著高學歷，卻得在一家名不見經傳的小公司做著不需要用大腦的雜役；畢業幾年後，不僅沒有找到一個理想中的工作，甚至那一點微薄的薪水連自己也養不活，更別說車子房子和錢財了。

你覺得自己是有能力，可是在這個社會上的種種經歷都告訴著你：你沒有能力。於是，你也忍不住問自

20幾歲已不小，別再迷糊了

己：我真的有能力嗎？

　　你覺得自己就像一個被上帝拋棄了的孩子，一個人寂寞的行走在社會這條大道了，百般無聊的生活著。你覺得生活總是不如你意，曾經訂下的計畫，看起來都不可行。你開始感到迷茫，不知所措，你想到了放棄⋯⋯

　　這時候，你才幡然悔悟：原來現實生活和我們想像中的不一樣。

　　有這樣一個故事：

　　一個知名大學的高材生，畢業後滿懷信心和憧憬的找工作，當他到某高級外商公司應徵的時候，老闆面試完，問他對工作有什麼要求。

　　這個男孩憑著自己有幾分能力，得意洋洋的說：「我希望年薪10萬美金，一年中有一次公費出國的機會，公司還要用公費給我租房子。」

　　老闆微微一笑，回答他：「我一年薪水給你20萬，一年讓你公費出國兩次，還有公司送你一棟房

子！」

　　男孩驚喜的說：「不會吧，這麼好，該不會是跟我開玩笑吧？」

　　老闆哈哈一笑，說：「是你先跟我開玩笑的！」

　　例子裡的男孩就是不少20幾歲年輕人的寫照，當他們真正步入社會後，發現原來自己所有的期待不過是一場玩笑。

　　20幾歲的年輕人之所以會把未來想得如此順利，是因為他們缺少閱歷。當他們步入社會後，才發現這個世界的複雜與艱苦。這個時候，年輕人就應該拋棄以前的幻想，回到現實的生活中來，坦然的面對生活裡的一切苦惱與困難。

　　杏子在學校的時候一直是老師寵愛的對象。無論是專業科目還是選修科目，她各科成績都很優異，還是學生會的幹部。畢業前夕，學校與職場聯合徵才會上有幾個小公司挑中了她，她卻不屑一顧。她自信有學歷有

能力，一定能找到一份更好的工作。

　　可是等拿到畢業證，到各個徵才會和徵才網上一連投了很多份簡歷，也面試了很多次，都被以沒有工作經驗為由而拒絕了。有幾個小公司願意聘用她，她還是覺得太屈才。

　　慢慢的，她覺得現實太殘酷了，開始有些倦怠。最後，父親讓熟人幫忙給她找了份助教的工作，工資低，學不到什麼東西，也沒有什麼展示自己的機會。她越想越覺得沒有出路，整天唉聲歎氣。

　　不少20幾歲的年輕人可能都會碰到上述這樣的情況。這個時候，需要我們改變我們的觀點，改變我們的態度，認清社會的現實，願意腳踏實地的從零開始做起。

　　生活像一條佈滿荊棘的小路，我們永遠猜不到前面有著怎樣的困難等著我們。也正因為如此，20幾歲的年輕人才需要從「幻想」中清醒過來，保持一份冷靜與理智，泰然的面對一切挫折。當機遇來的時候，敢於把

20
YEARS OLD

握；當困難來的時候，敢於面對。

現實生活雖然與你想像的不一樣，但是請不要抱怨，不管面前的道路如此艱難，努力做好你自己，願意踏實的從最低一步步開始，就是最好的。

社會不會等待你成長

剛剛畢業20幾歲的年輕人「獨闖」一個陌生的城市時，常常覺得孤單，想念同窗的朋友，想念和同學一起打球、聚會、喝酒的日子。下班坐公車時，看窗外美麗的夜景，總覺得一切繁華都似乎與自己無關。一個人行走在這個陌生的城市，聽到的只有自己孤單的腳步聲。若是遇到什麼不順利的事，便倍感失落。

但是20幾歲的年輕人要知道，當你步入這個社會時，無論你是否想長大，是否已經做好準備，是否能獨立，從現在開始，很多事情都不得不自己去面對，譬如生活的挫折、人際關係的複雜、自身能力的局限，等等。

如果說以前在學校是被老師教育的話，那麼從現在開始，你將被社會教育。

而且社會不像學校那麼有耐心，它不會像在學校一樣讓你慢慢學習，慢慢的幫助你成長。在這個人才濟

20
YEARS OLD

濟的社會裡，如果你成長得太慢，能力不夠，極有可能被那些比你「成熟」的人替代。

　　金文申畢業後剛開始工作的時候，在一家小公司做文職工作。當時和他一起進去的另外兩個新同事也都是普通大學畢業生。在公司裡，基本上每次電話鈴響了，都是金文申起身去接，其他人根本就不動。時間長了，大家好像都習慣了金文申做一些辦公室「公益性」工作，電話鈴一響，如果金文申不起身，大家就會一直等著，直到他終於忍不住了起身去接。

　　公司太小，也沒有專門請清潔人員，辦公室的環境衛生就要靠大家。每天下班後，從來沒人主動扔垃圾。金文申是個愛乾淨的男孩，每天下班都把垃圾帶走，而其他人根本就不做這些小事。

　　其實，這些事情金文申在家和在學校的時候幾乎很少做。但他知道，現在自己開始工作了，就要有個工作的樣子。有很多事情即使公司沒有明文規定，但應該做的他也儘量做到。工作後，連他的穿衣風格也變了，

以前在學校的時候,他喜歡穿休閒服和運動服,現在只有週末他才會穿著運動服跟朋友們去踢球,平時則儘量穿西裝和西褲,展示給別人一副「成人」的形象。

而和他一起進來的另外兩位同事,還保留著大學時的習慣,經常穿著休閒服來上班,也不主動做事,常抱怨著上班累,沒有在大學裡清閒。

試用期過後,金文申被留了下來,而其他兩個同事被淘汰了。原因就在於,老闆認為他比其他兩個試用生更像一個社會人、一個職業人,他不僅適應了自己身份的轉變,也盡力去做好。

社會不會等待你成長,不要企圖有多麼好的差事等待著你。只有當你成長到了一定的程度,社會才會接納你。有很多年輕人抱怨自己學有所成卻總是得不到用人單位的認可;也有很多年輕人抱怨自己運氣不佳,總是找不到理想的工作;更有一些年輕人終日憤憤不平,與自己同時走出校園的同學為什麼能很快得到提升,而自己還在原地踏步。

一天到晚只會抱怨的人，必定是不成熟的人。當你知道自己應該如何去面對社會，如何快速的適應社會後，你就沒有時間去抱怨了。因為那個時候，你把時間都用來學習、工作和拓展人際網路了。

　　正像例子裡的金文申，他明白每個人在不同的時期有不同的使命。工作的時候，無論在穿著還是在行為上都要像個「職業人」，多做事，多多磨礪自己，好好的完成在這個時期的使命。

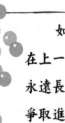

　　如果你到了一個新的時期，但你的使命卻還停留在上一時期，那麼說明你並沒有隨著時間而成長。一個永遠長不大的人，只能站在他人的背後，自己無法主動爭取進步，在未來的生活中將很難獲得成功。

不要甘於命運的安排

　　常常聽到20幾歲的年輕人有這樣的抱怨：我很想做什麼事情，可是我的家境不好；如果我出生在顯赫的家庭，我就不會像現在這樣生活了⋯⋯面對生活的不如意，我們總是抱怨環境，抱怨命運，可是我們忘記了，真正決定我們生活的，並不是命運，而是我們自己。

　　雖然我們無法選擇自己的出身、父母和家庭，但是，我們絕對有辦法選擇自己後半生的路、生活環境或者生活方式。命運不是一成不變的，所以即使我們曾經承受了過多的苦痛，現在也可能正在經受著生活的折磨，但是如果你敢於向命運挑戰，敢於尋找命運的突破口，你就能改寫自己的命運。

　　約翰是一個汽車推銷商的兒子，是一個典型的美國孩子。他活潑、健康，熱衷於籃球、網球、壘球等運動，是中學裡一個眾所周知的優秀學生。後來約翰應徵

入伍，在一次軍事行動中他所在部隊被派遣駐守一個山頭。激戰中，突然一顆炸彈飛入他們的陣地，眼看即將爆炸，他果斷的撲向炸彈，試圖將它扔開。可是炸彈爆炸了，他重重的倒在地上，當他向後看時，發現自己的右腿右手全部炸斷了，左腿變得血肉模糊，也必須截肢了。一瞬間他想哭，卻哭不出來，因為彈片穿過了他的喉嚨。人們都以為約翰再也不能生還，他卻奇蹟般的活了下來。

是什麼力量使他活了下來？是格言的力量。在生命垂危的時候，他反覆誦讀賢人先哲的這句格言：「如果你懂得苦難磨煉出堅韌，堅韌孕育出骨氣，骨氣萌發不懈的希望，那麼苦難會最終給你帶來幸福。」約翰一次又一次默念著這段話，心中始終保持著不滅的希望。然而，對於一個三截肢（雙腿、右臂）的年輕人來說，這個打擊實在太大了！在深深的絕望中，他又看到了一句先哲格言：「當你被命運擊倒在最底層之後，再能高高躍起就是成功。」

回國後，他從事了政治活動。他先在州議會中工

作了兩屆。然後，他競選副州長失敗。這是一次沉重的打擊。但他用這樣一句格言鼓勵自己：「經驗不等於經歷，經驗是一個人經過經歷所獲得的感受。」這指導他更自覺的去嘗試。緊接著，他學會駕駛一輛特製的汽車並跑遍全國，發動了一場支援退伍軍人的事業。那一年，總統命他擔任全國復員軍人委員會負責人，那時他34歲，是在這個機構中擔任此職務最年輕的一個人。約翰卸任後，回到自己的家鄉。1982年，他被選為州議會部長，1986年再次當選。後來，約翰已成為亞特蘭城一個傳奇式人物。人們可以經常在籃球場上看到他搖著輪椅與年輕人打籃球。

　　一個只剩一條手臂的人能成為一名議會部長，能被總統賞識擔任一個全國機構的要職，是這些格言給了他力量。同時，他的成功也成了這些格言的有力佐證。

　　我們不得不承認，約翰面對命運的不公，依靠自己頑強的意志力和堅強不屈的鬥志，活出了自己精彩的人生。又如歷屆殘奧會上的運動健兒們，他們同樣沒有

20
YEARS OLD

受到命運的阻礙，他們透過自己不斷的努力，透過超乎常人的付出，呈現在我們面前的，同樣是一種震撼人心的精彩。

我們大多數人都身體健全，與他們相比，我們所面臨的那一點困難又能算什麼呢？生活中，我們遇到的無非就是工作壓力，求職壓力，生活壓力。

也許我們對生活有美好的構想，但是現實總是粉碎了我們的願望。這個時候，與其選擇悲觀失望，抱怨命運的不公，甚至遷怒他人，一蹶不振，甘於命運的安排，莫不如鼓起勇氣，向生活挑戰，向命運挑戰。當我們展露出勇往直前的姿態的時候，那些曾經阻隔我們向美好生活邁進的困難與挫折，就會在我們面前丟盔卸甲，變得不堪一擊了。

有句格言說：「你必須知道，人們是以你自己看待自己的方式來看你的。你對自己自憐，人家則會報以憐憫；你充滿自信，人們會待以敬畏；你自暴自棄，多數人就會嗤之以鼻。」

高學歷不是成功的代名詞

有人說：「無知和眼高手低是年輕人最容易犯的兩個錯誤，也是導致頻繁失敗的主要原因。」這句話正是不少20幾歲的年輕人心態的真實寫照。有的年輕人覺得自己出身知名高校，能力自然比任何人都強，於是便常常眼高手低、不可一世。

但是，高學歷其實並不代表著高成功率。對於20幾歲的年輕人，學歷代表過去，能力要看將來。日本西屋集團主席堤義明認為，學歷只是一個人受教育時間的證明，代表一個人可能有的潛質，不等於一個人真正有多少實際才幹。

心理學家總結出一條非常簡單但又普遍適用的規律—不值得定律。對不值得定律最直觀的表述就是，不值得做的事情，就不值得做好。不值得定律反映出人們的一種心理，即如果他做的是一件自認為不值得做的事情，往往會持敷衍了事的態度。不僅成功率低，而且即

使成功，也不會覺得有多大的成就感。在潛意識中，人們習慣於對要做的每一件事情都做一個值得或不值得的評價，不值得做的事情也就不去做或不做好。

在現實生活中，太多的人只關注有光環的大事情、能夠出人頭地的大事業，而將本職工作中的許多具體事情歸類為不值得做的小事情，然而，正是這些小事情才是通往大事業的必經之路。基於不值得定律，心理學家告訴我們，自視越高的人，他認為不值得做的事情就越多，成為懷才不遇者的可能性越大，成功的機率也就相對越小。

如下是美國甲骨文軟體公司的CEO，身價上百億美元的拉里‧埃里森在美國耶魯大學畢業典禮上的演講：

耶魯的畢業生們，我很抱歉—如果你們不喜歡這樣的開場白。我想請你們為我做一件事。請你，好好看一看周圍，看一看站在你左邊的同學，看一看站在你右邊的同學。

請你設想這樣的情況：從現在起5年之後、10年之

後或30年之後，今天站在你左邊的這個人會是一個失敗者；右邊的這個人，同樣，也是個失敗者。而你，站在中間的傢伙，你以為會怎樣？同樣是失敗者，失敗的耶魯優等生。

說實話，今天我站在這裡，並沒有看到1000個畢業生的燦爛未來。我沒有看到1000個行業的1000名卓越領導者，我只看到了1000個失敗者。你們感到沮喪，這是可以理解的。為什麼，我，埃里森，一個退學生，竟然在美國最具聲望的學府裡這樣厚顏的散佈異端？我來告訴你原因。因為，我，埃里森，這個行星上第二富有的人，是個退學生，而你不是。因為比爾・蓋茲，這個行星上最富有的人之一——就目前而言——是一個退學生，而你不是。因為艾倫，這個行星上第三富有的人，也退了學，而你沒有。

現在，我猜想你們中間很多人，也許是絕大多數人，正在琢磨：「我能做什麼？我究竟有沒有前途？」當然沒有。太晚了，你們已經吸收了太多東西，以為自己懂得太多。你們再也不是19歲了。你們有了「內置」

的帽子。哦，我指的可不是你們腦袋上的學位帽。

　　我要告訴你，一頂帽子、一套學位服必然要讓你淪落……就像這些保安馬上要把我從這個講臺上攆走一樣必然……（此時，拉里·埃里森被帶離了講臺）

　　這是一篇狂妄而偏激的演講，也被稱為是「20世紀最狂妄的校園演講」。但是我們應該認識到，拉里·埃里森演講的主旨並不是想炫耀一個退學生的成功，而在於指出高學歷的「錯誤觀念」，大學教育可能會限制高學歷者的思維。另外，它很容易導致高學歷者自視過高，自認為「不值得」做的事情太多。

　　20幾歲的年輕人本來就有幾分初生之犢的傲氣和浮躁，如果再有高學歷，傲氣當然就更盛了。基於這種心理，這些「吸收了太多東西，以為自己懂得東西已經很多」的高學歷者，認為自己一開始工作就應該得到重用，就應該得到相當豐厚的報酬，往往會對手頭上瑣碎的工作感到不滿，常常抱怨「如此枯燥、單調的工作，如此毫無前途的職業，根本不值得自己去做」，動不動

1
CHAPTER　**20幾歲已不小，別再迷糊了**

就有「拂袖而去」的念頭。

　　然而作為普通人，在大部分的時間裡，很顯然都在做一些小事，也許過於平淡，但這些都是成就大事不可缺少的基礎。在這個講究精細化的時代，細節和小事往往能反映出你的專業水準和內在素質。當天平處於平衡狀態時，在一方加入再小的砝碼也會使之傾斜。當你與別人的實力不分伯仲時，在小事上下工夫就成了決定成敗的關鍵。

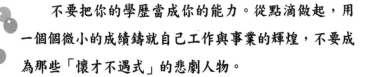

　　不要把你的學歷當成你的能力。從點滴做起，用一個個微小的成績鑄就自己工作與事業的輝煌，不要成為那些「懷才不遇式」的悲劇人物。

20
YEARS OLD

父母不是你的優勢資本

　　名人的後輩作出偉大成績的很多。父輩的指點當然是他們的優勢，但是他們成功最關鍵的決定條件還是自身的努力。任何被人們稱為「天才」的人並不是因為有一個天才老爸，而是自身的才華得到了人們的肯定。所以，20幾歲的年輕人應該有自己的成功之路，不要把希望寄託在父母的身上，靠父母的關係和能力為自己的成功墊腳，是永遠做不出更大成就的。

　　偉大的作家大仲馬得知自己的兒子小仲馬寄出的稿子總是被退回，就告訴他說：「如果你能在寄稿時，隨稿給編輯先生們附上一封短信說，『我是大仲馬的兒子』，或許情況就會好多了。」

　　小仲馬斷然拒絕了父親的建議，他說：「不，我不想坐在你的肩頭上摘蘋果，那樣摘來的蘋果沒味道。」年輕的小仲馬不但拒絕以父親的盛名作為自己事

業的敲門磚，而且不露聲色的給自己取了十幾個其他姓氏的筆名，以避免那些編輯先生們把他和大名鼎鼎的父親─大仲馬聯繫起來。

他的長篇小說《茶花女》寄出後，終於以其絕妙的構思和精彩的文筆震撼了一位資深編輯。這位資深編輯曾和大仲馬有著多年的書信來往。他看到寄稿人的地址同大作家大仲馬的絲毫不差，便懷疑是大仲馬另取的筆名，但作品的風格卻和大仲馬的截然不同。帶著這種興奮和疑問，他迫不及待的乘車造訪大仲馬家。令他大吃一驚的是，《茶花女》這部優秀的作品的作者竟是大仲馬名不見經傳的年輕兒子小仲馬。

「你為何不在稿子上署上你的真實姓名呢？」老編輯疑惑的問小仲馬。

小仲馬說：「我只想擁有真實的高度，希望您看重的是我創作的作品本身而不是我的姓氏。」

面對著這個充滿自信的年輕人，老編輯不由得笑了。他對小仲馬的做法讚歎不已，相信他一定可以走出名人父親的陰影，創出自己的一番事業來。《茶花女》

出版後，法國文壇書評家一致認為這部作品的價值大大超越了大仲馬的代表作《基督山恩仇記》，小仲馬終於獲得了夢寐以求的成功。

　　大仲馬父子的成就造就了一段文壇父子兵的佳話。我們現在提到小仲馬的時候，不會以大仲馬的兒子來作為開頭語，而是稱之為「偉大的作家，《茶花女》的作者小仲馬」，這就是他的成功。
　　20幾歲的年輕人，試著像小仲馬一樣，不要把父母當做你的優勢資本，用你自己的努力與實力，闖出屬於你自己的精彩天空吧！

　　用自己的雙手摘到的蘋果才格外美味，用自己的雙手開創的人生才格外飽滿、精彩。

過分特立獨行的性格是種危險

　　處在20幾歲這個朝氣蓬勃的人生階段，許多年輕人都認為個性很重要，因此常常逆潮流而行，表現自己反傳統的觀念和與眾不同的行為方式。殊不知，社會上有很多人會認為這是嘩眾取寵，他們甚至會因此而輕視年輕人，並透過各種可能的方法對其進行懲罰。所以，過分「反傳統」和「特立獨行」是危險的，個性只有被社會承受，你才會被社會承認，才有利於你的發展。

　　時下的種種媒體，包括圖書、雜誌、電視等都在宣揚個性的重要性，這在很大程度上給20幾歲的年輕人帶來了負面影響。個性有時也會成為獨特、怪異的代名詞，而張揚個性肯定要比壓抑個性舒服，但是如果張揚個性僅僅是一種任性，一種意氣用事，甚至是對自己的缺陷和陋習的一種放縱，那麼，這樣的張揚個性對你的前途肯定是沒有好處的。

佳佳是一個個性張揚的前衛女孩,她熱愛無拘無束的生活方式,把平凡、規矩、規定視為死敵。

　　大學畢業後,她獲得了一家企業的面試機會。當天,她的打扮令所有面試官目瞪口呆,寬鬆的外衣、超短牛仔褲、運動鞋……出門時母親一再讓她穿得「正式」一點,她依然我行我素。

　　佳佳的專業能力和外語能力確實很好,面試官最後和顏悅色的說:「妳的條件很優秀,足以勝任這項工作。不過,我想提醒妳,我們公司是一家正規企業,服裝方面有一定要求,不能太隨便,更不允許太暴露……」佳佳立刻打斷了面試官:「我的能力與我的衣著沒有任何關係,這麼穿我覺得最舒服。如果非要穿正裝上班,我會連氣都喘不上來的!」面試官被這突如其來的搶話嚇一跳,表情嚴肅起來,冷冷的說:「那麼好吧,請妳去能讓妳隨心所欲的地方發展,我們公司不歡迎像妳這麼有個性的『天才』。」

　　佳佳之所以失去這個難得的工作機會,是因為她

不懂得收斂個性，或者說，是她太過叛逆。很多人樂衷於特立獨行，張揚自己的個性，相當一部分是一種習氣，是一種希望自己能任性的為所欲為的願望。他們不希望把自己的行為束縛在複雜的規定中，他們希望暢快的發洩自己的情緒。但作為一個社會中的一員，真的能這麼「灑脫」嗎？答案是否定的。

　　社會是一個由無數個體組成的人群，每個人的生存空間並不很大，所以當你想伸展四肢舒服一下的時候，必須注意不要碰到別人。當你張揚個性的時候，必須考慮到你張揚的個性是什麼，注意到別人的接受程度。如果你的這種個性是一種非常明顯的缺點，最好的選擇把它改掉，而不是去張揚它。

　　不要使張揚的個性成為你縱容自己缺點的一種漂亮的藉口。社會需要你創造價值，但首先關注的是你的工作品質是否有利於創造價值。個性也不例外，只有當你的個性有利於創造價值，是一種生產型的個性，你的個性才能被社會接受。

　　許多名人都有非常突出的個性，愛因斯坦在日常

生活中不拘小節，巴頓將軍性格極其粗野，畫家梵谷是一個缺少理性、充滿了藝術妄想的人，但這並不代表個性就是正確的、必需的。名人因為有突出的成就，所以他們許多怪異的行為往往被社會廣為宣傳，有些人甚至產生這樣的錯覺：怪異的行為正是名人和天才人物的標誌，是其成功的秘訣。我們只要仔細分析一下，就會發現，這種想法是十分荒謬的。

名人確實有突出的個性，但他們的這種個性也表現在創作的才華和能力之中。實際上，正是他們的成就和才華，使他們的特殊個性得到了社會的肯定。如果是一般的人，一個沒有多少本領的人，他們那些特殊的行為可能只會得到別人的嘲笑。

社會需要的是生產型的個性，你的個性只有能融合到創造性的才華和能力之中，才能夠被社會接受。如果你的個性沒有表現為一種才能，僅僅是一種脾氣，它帶給你的只是不好的結果。

　　如果你想成就一番事業，就應該把個性表現在創造性的才能中，盡可能與周圍的人協調一些，這是一種成熟、明智的選擇。

權威意見是參考而不是鐐銬

　　蘇格拉底是柏拉圖的老師，亞里斯多德又受教於柏拉圖，這三代師徒都是西方哲學史上赫赫有名的人物。在雅典的柏拉圖學園院中，亞里斯多德表現得很出色，柏拉圖稱他是「學園之靈」。

　　亞里斯多德非常尊敬他的老師，但他不是個崇拜權威、在學術上唯唯諾諾而沒有自己想法的人。他跟大談玄理的老師不同，他努力收集各種圖書資料，勤奮鑽研，甚至為自己建立了一個圖書室。有記載說，柏拉圖曾諷刺他是一個書呆子。在學院期間，亞里斯多德就在思想上跟老師有了分歧。他曾經隱喻的說過，智慧不會隨柏拉圖一起死亡。當柏拉圖到了晚年，師生間的分歧更大了，經常發生爭吵。但這只是因為哲學觀點的不同而已，亞里斯多德對此說道：「吾愛吾師，吾更愛真理。」

　　亞里斯多德的這句話，與孔子的思想不謀而合。孔子也曾說過：「當仁不讓於師。」他對弟子們說，當遇到仁義的地方，你們應該站在仁義的那一方，如果我錯了，你們也不用因為我是老師而違背了道義。

　　就像哈佛大學的校訓說的那樣：「與柏拉圖為友，與亞里斯多德為友，更要與真理為友。」當我們的意見與權威發生衝突的時候，我們要考慮的不是權威的地位而是真理的力量，要讓自己的心永遠站在真理的那一邊。

　　1842年3月，在百老匯的社會圖書館裡，著名作家愛默生的演講打動了年輕的惠特曼：「誰說我們美國沒有自己的詩篇呢？我們的詩人文豪就在這兒呢！」惠特曼當時還是一個不為人知的小詩人，並沒有得到多少人的讚譽。但是愛默生的激情演講激勵了他，因為愛默生是一名十分傑出的作家，有了這樣的權威支持，還有什麼不可能的呢？

1854年，惠特曼的《草葉集》問世了。這本詩集熱情奔放，衝破了傳統格律的束縛，用新的形式表達了民主思想和對種族、民族、社會壓迫的強烈抗議。愛默生給予這些詩以極高的評價，稱這些詩是「屬於美國的詩」，「是奇妙的」、「有著無法形容的魔力」，「有可怕的眼睛和水牛的精神」。《草葉集》受到愛默生這樣有聲譽的作家褒揚，一些本來把它評價得一無是處的報刊馬上換了口氣，溫和了起來。

　　1860年，當惠特曼決定印行第三版《草葉集》，並將補進些新作時，愛默生竭力勸阻惠特曼取消其中幾首刻畫「性」的詩歌，否則第三版將不會暢銷。惠特曼此時沒有聽從這位「權威提攜者」的話，他說：「刪後還會是這麼好的書嗎？」愛默生反駁說：「我沒說『還』是本好書，我說刪了就是本好書！」

　　執著的惠特曼不肯讓步，他對愛默生表示：「在我靈魂深處，我的意念不服從任何的束縛，而是走自己的路。《草葉集》是不會被刪改的，任由它自己繁榮和枯萎吧！」他又說：「世上最髒的書就是被刪減過的

書，刪減意味著道歉、投降……」第三版《草葉集》出版並獲得了巨大的成功。不久，它便跨越了國界，傳到世界許多地方。

　　愛默生可以算得上是文學界的權威，他慧眼識英雄，發現了惠特曼的才華。但這樣一個大文豪也沒能時時刻刻保持他的眼光，也犯下了保守而迂腐的錯誤，險些毀了一本巨著。但幸好惠特曼沒有對這位權威人士頂禮膜拜，而是保留了自己的看法。他的堅持成就了《草葉集》的深刻。

　　在生活和工作中，當自己持有的某種意見和「權威意見」發生衝突時，大多數人便主動的扔掉了自己的看法。權威的確在很多時候都是正確的，但如果你沒有經過自己的思考，只是習慣性的依附於他，你就永遠只能是跟隨者甚至盲從者，而沒有辦法在這個世界上發出自己的聲音。一旦你所相信的權威力量坍塌時，你的精神支柱也會隨之倒塌。

權威意見都只是參考，自己才是命運的主宰者。所有取得了耀眼輝煌成就的人都具有這樣的品質。他們尊重權威，但從不迷信權威。

公平不是社會的基本原則

在這個世界上，許許多多20幾歲的年輕人都認為公平合理是生活中應有的現象。要求著公平合理的年輕人，每當發現公平不存在時，心裡便不高興。應當說，要求公平並不是錯誤的心理，但是，如果因為不能獲得公平，就產生一種消極的情緒，這個問題可就要注意了。

實際上絕對的公平並不存在，如果要尋找絕對公平，就如同尋找神話傳說中的寶物一樣，是永遠也找不到的。這個世界並不是根據公平的原則而創造的，譬如，鳥吃蟲子，對蟲子來說是不公平的；蜘蛛吃蒼蠅，對蒼蠅來說是不公平的；豹吃狼、狼吃獾、獾吃鼠……只要看看大自然就可以明白，這個世界並沒有公平。颶風、海嘯、地震等也都是不公平的。人們每天都過著不公平的生活，快樂或不快樂，是與公平無關的。

但這並不是人類的悲哀，只是一種真實情況。

20
YEARS OLD

每個人在成長、面對現實、做種種決定的過程中都會遇到不同的難題，每個人都有感到成了犧牲品或遭到不公正對待的時候，承認生活並不總是公平這一事實並不意味著我們不必盡己所能去改善生活，去改變整個世界；恰恰相反，它正表明我們應該這樣做。

　　當我們沒有意識到或不承認生活並不公平時，我們往往憐憫他人也憐憫自己，而憐憫自然是一種於事無補的失敗主義的情緒，它只能令人感覺更糟。但當我們真正意識到生活並不公平時，我們會對他人也會對自己懷有同情，而同情是一種由衷的情感，所到之處都會散發出充滿愛意的仁慈。同時，它讓我們知道讓每件事情完美並不是「生活的使命」，而是我們自己對生活的挑戰。

　　許多不公平的經歷對於20幾歲的年輕人是無法逃避的，這些也是無從選擇的，我們只能接受已經存在的事實並進行自我調整，學會接受它、適應它，這樣才會讓我們不再傷感、活得更輕鬆。

CHAPTER 1　　20幾歲已不小，別再迷糊了

過去和將來都不是最重要的

　　20幾歲，正值人生的黃金時段，如果只是一味的回憶過去或者幻想將來，而耽擱了今天該做的事情，到時候耽擱的也只能是自己的人生。過去永不再來，未來又尚未發生，只有知足的活在現在才是最可貴的。

　　一位哲學家在古羅馬的廢墟裡發現了一尊神像。由於從來沒見過這樣的神像，哲學家好奇的問它：「你是什麼神啊，為什麼有兩張面孔？」

　　神像回答道：「我的名字叫雙面神。我可以一面回視過去，吸取教訓，一面仰望將來，充滿希望。」

　　哲學家又問：「那麼現在呢？最有意義的現在，你看到了嗎？」

　　「現在！」神像一愣，「我只顧著過去和將來，哪還有時間管現在？」

　　哲學家說：「過去的已經逝去了，將來的還沒有

20
YEARS OLD

來到，我們唯一能把握的就是現在；如果無視現在，那麼即使你對過去、未來瞭若指掌，那又有什麼意義呢？」

神像一聽，恍然大悟，失聲痛哭起來：「你說得沒錯，就是因為我抓不住現在，所以古羅馬城才成為歷史，我自己也被人丟在了廢墟裡。」

上面這則小故事告訴我們，回憶昨日以及幻想未來都是一種虛幻，唯有把握今日才是實實在在的事情。

每個人都應該好好珍惜眼前的時光，在可以完全把握的「今天」，多做一些事情，多付出一些。正如一個詩人所寫的：盡力的裝飾現在的房屋吧，使之成為最甜蜜、最溫馨的場所，何必過多的夢想遙遠的華居？這並不是讓人們不為明天計畫，也不是要人們不期盼明天更美好的事物，而是讓人們不要過多的把心思集中在未知的事情上，沉醉於幻想之中，從而錯過了今天的機會、今天的成功。

有個小和尚，每天早上負責清掃寺院裡的落葉。

清晨起床掃落葉實在是一件苦差事，尤其在秋冬之際，每一次起風時，樹葉總隨風飛舞。每天早上都需要花費許多時間才能清掃完樹葉，這讓小和尚頭痛不已，他一直想要找個好辦法讓自己輕鬆些。

後來有個和尚跟他說：「你在明天打掃之前先用力搖樹，把落葉統統搖下來，後天就可以不用掃落葉了。」小和尚覺得這是個好辦法，於是隔天他起了個大早，使勁猛搖樹，這樣他就可以把今天跟明天的落葉一次掃乾淨了。一整天小和尚都非常開心。

可是第二天，小和尚到院子裡一看，不禁傻眼了，院子裡如往日一樣滿地落葉。

老和尚走了過來，對小和尚說：「傻孩子，無論你今天怎麼用力，明天的落葉還是會飄下來。」

小和尚明白了，世上有很多事是無法提前的，唯有認真的活在當下，才是最真實的人生態度。

小和尚所明白的事也正是20幾歲的年輕人應該注

20
YEARS OLD

重的事。

我們的身體和心靈都生活在現在，並也只能為現在而存在，為什麼還要去一遍又一遍的回顧往事、憂慮未來呢？實際上，過去的事情不論多麼值得留戀或是多麼需要悔恨，那也只是毫無意義的心理反應，「過去」已經過去了、不存在了，而未來尚未到來，也是不存在的。人生就像爬山登高，爬在中途的時候，不必往下看，也不要過多的往上看。因為你不大可能看到頂峰，也不大可能看得很遠、很清楚，那麼何必還要為看不清楚的未來費神費力，分散注意力呢？

習慣回憶過去，會很容易衰老，意志消沉，悲觀或者自滿；如果經常幻想將來，會變得不切實際。無論是過去或將來，都離我們很遠，唯有今天才是最重要的。

最適合的才是最好的

很多時候，20幾歲的年輕人都在追求最好的，也常常因為得不到而徒生不快，但擁有最好的真的就開心嗎？那麼，為什麼一些人在別人看來什麼都擁有，而且都是最好的時，卻不開心呢？

有一隻城裡老鼠和一隻鄉下老鼠是好朋友。有一天，鄉下老鼠請城裡老鼠來家裡吃東西。城裡老鼠心裡嘀咕鄉下食物的口味是什麼樣的呢？於是立刻動身去鄉下了。鄉下老鼠看到城裡老鼠真的來了，特別高興，它把城裡老鼠引到穀倉去，那裡堆滿稻穀、地瓜，還有花生。

鄉下老鼠對城裡老鼠說：「城裡朋友，不要客氣，盡情的吃，東西多著呢！」可是城裡老鼠見到這些食物一點胃口都沒有。

鄉下老鼠還以為城裡老鼠客氣，於是抓了一把花

生給城裡老鼠，說：「朋友，這些花生味道特別好，唉，你不要這樣客氣嘛！」

城裡老鼠覺得這些東西一點都不好吃，勉強吃了一些，最後只好對鄉下老鼠說：「我實在吃不下去，你們這裡的東西太粗糙了。這樣吧，改天你也到城裡去，我讓你嚐嚐美味可口的食物。」

鄉下老鼠也想開開眼界，且特別嚮往城裡食物的口味，於是沒過幾天就來到城裡老鼠的住處。城裡老鼠見到鄉下朋友果真來了，可高興了，牠把鄉下老鼠引到廚房去。哇，這裡東西可豐富了，有蛋糕、汽水、蘋果、香腸、蜂蜜，還有雞、鴨、魚、肉等，看得鄉下老鼠口水直流。

牠們正要享用時，一個人走進廚房，牠們連忙嚇得躲進洞裡，不一會兒那個人走出廚房。哪知牠們剛剛鑽出來，「喵—喵—」一隻貓突然出現，嚇得牠們再度躲起來。

鄉下老鼠膽顫心驚，既怕又餓，最後，牠長歎一聲：「唉！朋友，吃東西這樣擔心受怕，實在划不來。

我們鄉下東西雖然粗糙點，倒是悠閒自在，我現在就回去，朋友，若不嫌棄，歡迎到鄉下來玩！」

　　鄉下的老鼠見到美味的食物時，難免會羨慕和自卑，但是發現擁有這些美食的代價是每天擔心受怕。後來，它明白了：不是所有好的東西都可以承受的，只有合適自己的才是最好的。

　　人也一樣，守著自己的東西，卻總覺得別人擁有的比自己的好，於是羨慕、嫉妒、抱怨……各式各樣的情緒都產生了。終有一天，你幸運的享受到了以前讓你魂牽夢縈的「美好」，才發現別人的鞋穿在自己腳上，不一定合適。回頭看看自己的，其實也並非那麼的不堪入目。

　　那些看起來很好的東西，到你用的時候不見得會很好，就如談戀愛都想找漂亮、氣質好、人品好、家庭出身好的戀人，但交往了一段時間卻發現，條件好的情侶未必是自己的最佳選擇。最後能和自己走到一起的還是彼此情投意合、有共同語言、脾氣性格符合自己的。

20
YEARS OLD

所以說，不考慮自己實際的需求，盲目追求高、大、全，結果反而是得不償失。

在人生的旅途中，不要被途中的花花草草迷住了雙眼，只有找到最適合自己的，才是最重要的。

CHAPTER 2

20歲應該要懂的事

年輕時的夢想決定你未來的路

你有著怎樣的夢想，你的未來就會是怎樣。
大膽做夢，執著追夢吧！夢想將賦予你有意義的
生活，讓你的人生五彩繽紛。

20 years

年輕時的夢想，未來的路

年輕時的夢想與未來的道路息息相關，你的夢想有多大，未來的舞臺就有多大。正如華茲華斯所說過：「一個崇高的目標，只要不渝的追求，就會成為壯舉；在它純潔的目光裡，一切美德必將勝利。」

心存夢想的年輕人，一定要堅持自己的夢想，不要懷疑夢想的力量，它能激發你潛藏的能量，讓你登上成功的高峰。當然，夢想需要你盡情發揮，如果你在夢想之前就開始給自己設置障礙，不斷的否定和懷疑，你的舞臺也將永遠沒有別人的華麗。而相反，如果你堅信自己的夢想，並且為它付出足夠的努力，你就會看到夢想的奇蹟。

60多年前，在美國三藩市，一位演員喜獲兒子。由於父親是演員，這個男孩從小就有了跑龍套的機會，他漸漸產生了當一名演員的夢想。可是由於身體虛弱，

父親便讓他拜師習武以強身。1961年，他考入華盛頓州立大學主修哲學，後來，他像所有正常人一樣結婚生子。但在心底，他從未放棄過當一名演員的夢想。

一天，他與朋友談到夢想時，隨手在一張便箋上寫下了這樣一段話：「我，布魯斯·李，將會成為全美國最高薪酬的超級巨星。作為回報，我將奉獻出最激動人心、最具震撼力的演出。從1970年開始，我將會贏得世界性聲譽；到1980年，我將會擁有1000萬美元的財富，那時候我及家人將會過上愉快和諧、幸福的生活。」

當時，他過得窮困潦倒。這張便箋引來的是白眼和嘲笑。然而，他卻牢記著便箋上的每一個字，克服了無數次常人難以想像的困難。甚至在重傷後只用了4個月就從病床上奇蹟般的站了起來。

20世紀70年代初，他主演的《猛龍過江》等幾部電影都刷新票房紀錄。1972年，他主演了嘉禾公司與華納公司合作的《龍爭虎鬥》，這部電影使他成為一名國際巨星—被譽為「功夫之王」。1998年，美國《時代》

週刊將其評為「20世紀英雄偶像」之一，他是唯一入選的華人。他就是「最被歐洲人認識的亞洲人」—李小龍，一個迄今為止在世界上享譽最高的華人明星。

其實，我們每一個人都如李小龍一樣，只要我們心中有夢，大膽追夢，人生將會呈現出不一樣的輝煌與多彩。我們每個人都應相信自己，相信我們本身就是夢想大廈的設計師和建築家。

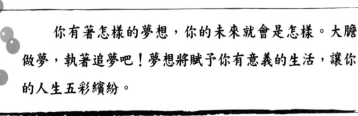

你有著怎樣的夢想，你的未來就會是怎樣。大膽做夢，執著追夢吧！夢想將賦予你有意義的生活，讓你的人生五彩繽紛。

別讓夢想停留在年少時

　　人類是喜歡夢想的動物。小時候，我們的夢想是有許多糖果、許多玩具……長大後，我們又夢想著能有自己的事業，能過上自己想要的生活等等。夢想的魔力是巨大的，但夢想也是最容易被人遺忘的。稍不盯緊，時間就褪去了它的顏色。

　　很多人在成長的過程中丟失了自己的夢想，等到垂垂老矣才發現，夢想已被丟在青春年少時。比如，當我們詢問小孩子夢想是什麼時，十個中有九個會答「將來做個科學家」，但最終成為科學家的往往只有一個。不只是科學家的夢想，還有更多的夢想被我們遺忘了，而只有那些把夢想記了一輩子的人才最終實現了夢想。

　　有個叫布羅迪的英國教師，在整理閣樓上的舊物時，發現了一疊作文簿，它們是皮特金中學B班31位孩子的春季作文，題目叫《未來我是……》。他本以為這

些東西在德軍空襲倫敦時被炸飛了，沒想到它們竟安然的躺在自己家裡，並且一躺就是25年。

　　布羅迪隨便翻了幾本，很快被孩子們千奇百怪的自我設計迷住了。比如，有個叫彼得的學生說，未來的他是海軍大臣，因為他擅長游泳；還有一個說，自己將來必定是法國總統，因為他能背出25個法國城市的名字；還有一個叫大衛的盲學生，認為將來自己必定是英國的一個內閣大臣。總之，31個孩子都在作文中描繪了自己的未來，五花八門，應有盡有。

　　布羅迪讀著這些作文，突然有一種衝動—把這些本子重新發到同學們手中，讓他們看看現在的自己是否實現了25年前的夢想。當地一家報紙得知他這一想法，為他發了一則啟事。沒幾天，書信從四面八方向布羅迪飛來。他們中間有商人、學者及政府官員，更多的是普通人，他們都表示，很想知道兒時的夢想，並且很想得到那本作文簿。布羅迪按地址一一給他們寄去了。

　　後來布羅迪收到內閣教育大臣布倫克特的一封信，信中說：「那個叫大衛的就是我，感謝您還為我們

2
CHAPTER　　**年輕時的夢想決定你未來的路**

保存著兒時的夢想。不過我已經不需要那個本子了，因為從那時起，我的夢想就一直在我的腦子裡，我沒有一天放棄過；25年過去了，可以說我已經實現了那個夢想。今天，我還想透過這封信告訴其他30位同學，只要不讓年輕時的夢想隨歲月飄逝，成功總有一天會出現在你的面前。」

布倫克特始終把自己的夢想牢記在心中，這份力量使他最終實現了自己的夢想，但他的很多同學則忘記了當初的夢想，過上了與夢想中截然不同的生活。

正如布倫克特在信的最後所說的，「只要不讓年輕時的夢想隨歲月飄逝，成功總有一天會出現在你的面前。」因此，別把你的夢想丟在了年少，時時刻刻牢記著你的夢想，為之努力奮鬥，終有一天你會過上自己想要生活。

20
YEARS OLD

你給自己定位是什麼，
你就是什麼

　　20幾歲是人生的關鍵時期，步入20幾歲的年輕人不能再像上學時那樣渾渾噩噩的過日子了，要認清自己的能力，知道自己適合做什麼，不適合做什麼；長處是什麼，短處是什麼，找準自己的位置。

　　寸有所長，尺有所短。20幾歲的年輕人可以長時間賣力工作，創意十足，聰明睿智，才華橫溢，屢有洞見，甚至好運連連─可是，如果你無法在創造過程中給自己準確定位，不知道自己的方向是什麼，一切都會徒勞無功。

　　可以說，你給自己定位什麼，你就是什麼，定位能改變人生。

　　汽車大王福特自幼幫父親在農場幹活，12歲，他就在頭腦中構想能夠在路上行走的機器代替牲口和人

力，而父親和周圍的人都要他在農場做助手。但福特覺得自己的興趣在機械方面，成為一名機械師才是自己應該走的路。於是他用一年的時間完成別人需要三年的機械師培訓，隨後他花了兩年多時間研究蒸汽原理，試圖實現自己的夢想，但沒有成功。之後，他又投入汽油機研究，每天都夢想著製造一部汽車。他的創意被發明家愛迪生所賞識，邀請他到底特律公司擔任工程師。經過10年努力，他成功的製造了第一部汽車引擎。

福特的成功，完全歸功於他的正確定位和不懈努力。如果當初他聽從家人的意見去農場做了助手，也許歷史都要改寫了。

少年大衛的爸爸是木匠，媽媽是家庭主婦。這對夫婦準備送兒子上大學，所以縮衣節食，一點一點的存錢。

大衛讀高中二年級時，一天，學校聘請的一位心理學家把這個16歲的少年叫到了辦公室，對他說：「大

衛，我看過你各學科的成績和各項體格檢查，仔細研究了你各方面的情況。雖然你一直很努力，但你進步不大，你的各科成績都遠遠落後於其他同學，你對高中的課程有點力不從心，再這樣學下去，恐怕你就是在浪費時間了。」

大衛用雙手捂住臉：「啊！那樣我爸爸媽媽會難過的。他們一直希望我能上大學。」

心理學家撫摸著他的肩膀，「人的才能有各式各樣，大衛，」心理學家說，「工程師不認識簡譜，畫家背不全九九乘法表，這都是可能的。但每個人都有自己的特長──你也不例外。終有一天，你會發現並發揮自己的特長。到那時，你的爸爸媽媽就會為你驕傲了。」

大衛從此沒再去上學，而是在外找工作謀生。那時，城裡的工作很難找，大衛替人修建園圃、修剪草坪。因為勤勉，所以總是有很多人找他幹活。不久，他的手藝開始受到雇主們的注意，他們稱他為「綠拇指」──因為凡經他修剪的花草無不出奇的美麗繁茂。

一天，他又進城來，湊巧來到市政廳後面，一位

市政參議員就在他眼前不遠處，大衛看到這是一塊滿是垃圾、污泥濁水的場地，便向參議員魯莽的問道：「先生，你是否能答應我把這個垃圾場改為一個美麗的花園？」

「市政廳沒有這筆錢。」參議員說。

「我不要錢，」大衛說，「只要允許我去做就行。」

參議員大為驚異，他還不曾碰見過哪個人辦事不要錢呢！於是他把這孩子帶進了辦公室。當大衛步出市政廳大門時，滿面春風，因為他有權清理這塊被長期擱置的垃圾場地了。

當天下午，他拿了幾樣工具，帶上種子和肥料來到目的地。一位熱心的朋友給他送來一些樹苗，一些熟識的雇主請他到自己的花圃去剪玫瑰枝條，有的則提供做籬笆用的木料。消息傳到了本城一家最大的傢俱廠，廠長立刻表示要免費承做公園裡的椅子。

不久，這塊垃圾場地就變成了一個美麗的公園：幽幽小徑，綠油油的草坪，因為大衛沒有忘記給小鳥安

家，所以人們在椅子上坐下來還能聽到鳥兒在唱歌。全城的民眾都在談論，說有一個人做了一件了不起的事。人們透過它看到了大衛的才能，公認他是一個天生的風景園藝家。

如今的大衛已經是全國聞名的風景園藝家了。雖然他不會說拉丁文，也不懂法語，微積分對他更是個未知數，但園藝和色彩是他的特長。他使年邁的雙親感到了驕傲，這不僅是因為他在事業上取得的成就，而且還因為他能把人們的住處弄得無比舒適和漂亮！

正如例子裡的大衛一樣，每個人都會有自己擅長與不擅長的地方，而有些人之所以成功，就是因為自始至終能夠給自己準確定位，找到自己的位置，看到自己身上的缺點和不足，然後付諸行動，不斷改進和完善自己，使自己更加積極向上、充滿活力。因為他們心中明白這樣的道理：人最怕不能給自己定位，找不到自己的位置。

　　富蘭克林曾經說過：「寶貝放錯了地方便是廢物。人生的訣竅就是找準人生定位，定位準確能發揮你的特長。」所以，如果你還沒有給自己準確定位的話，那麼就應該抓緊時間，坐下來分析一下自己，根據自己的特點，尋找真正適合自己的位置了。

找對方向才會走對路

20幾歲的年輕人只有找到了自己的方向，才能在人生的路途上越走越順。

比塞爾是西撒哈拉沙漠中的一顆明珠，每年有數以萬計的旅遊者來到這兒。可是在肯・萊文發現它之前，這裡還是一個封閉落後的地方。這兒的人沒有一個走出過大漠，據說不是他們不願離開這塊貧瘠的土地，而是嘗試過很多次都沒有走出去。

肯・萊文不相信這種說法。他用手語向這兒的人問原因，結果每個人的回答都一樣：從這兒無論向哪個方向走，最後還是轉回到出發的地方。為了證實這種說法，他做了一次試驗，從比塞爾村向北走，結果三天半就走了出來。

比塞爾人為什麼走不出來呢？肯・萊文非常納悶，最後他只得雇一個比塞爾人，讓他帶路，看看到底

是怎麼回事？他們帶了半個月的水，牽了兩峰駱駝，肯‧萊文收起指南針等現代設備，只拄一根木棍跟在後面。

10天過去了，他們走了大約800英里的路程，第11天早晨，果然又回到了比塞爾。

這一次肯‧萊文終於明白了，比塞爾人之所以走不出大漠，是因為他們根本就不認識北極星。在一望無際的沙漠裡，一個人如果憑著感覺往前走，他會走出許多大小不一的圓圈，最後的足跡十有八九是一把卷尺的形狀。比塞爾村處在浩瀚的沙漠中間，方圓上千公里沒有一點參照物，若不認識北極星又沒有指南針，想走出沙漠，確實是不可能的。

肯‧萊文在離開比塞爾時，帶了一位名叫阿古特爾的青年，就是上次和他合作的人。他告訴這位漢子，只要你白天休息，夜晚朝著北面那顆星走，就能走出沙漠。阿古特爾照著去做了，三天之後果然來到了大漠的邊緣。阿古特爾因此成為比塞爾的開拓者，他的銅像被豎在小城的中央。銅像的底座上刻著一行字：新生活是

從選定方向開始的。

正如上述例子的最後一句話，人生也同樣如此。人生自然有自我存在的價值，選擇一個目標，也等於明確了人生的方向，這樣才不至於迷失。

一個人沒有自己的人生觀，沒有人生的方向，沒有確定自己活著究竟要做一個什麼樣的人、做什麼事，只是跟著環境在，這就犯了莊子所說的「所存於己者未定」的毛病。一個人對於自己人生的方向都沒有確定，那是人生最悲哀的事。

一個輝煌的人生在很大程度上取決於人生的方向，個人的幸福生活也離不開方向的指引。確立人生的方向是人一生中最值得認真去做的事情。你不僅需要自我反省、向人請教「我是什麼樣的人」，還需要很清楚的知道「我究竟需要什麼」，包括想成就什麼樣的事業、結交什麼樣的朋友、培養和保留什麼樣的興趣愛好、過一種什麼樣的生活。這些選擇是相對獨立的，但是在一個系統內的，彼此是呼應的，從而共同形成人生

的方向。

　　摩西奶奶是美國維吉尼亞州的一位農婦，76歲時因關節炎放棄農活，這時她又給了自己一個新的人生方向，開始了她夢寐以求的繪畫。80歲時，到紐約舉辦畫展，引起了意外的轟動。她活了101歲，一生留下繪畫作品600餘幅，在生命的最後一年畫了40多幅。

　　不僅如此，摩西奶奶的行動也影響到了日本大作家渡邊淳一。渡邊淳一從小就喜歡文學，可是大學畢業後，他一直在一家醫院裡工作，這讓他感到很彆扭。馬上就30歲了，他不知該不該放棄那份令人討厭卻收入穩定的職業，以便從事自己喜歡的寫作。於是，他給耳聞已久的摩西奶奶寫了一封信，希望得到她的指點。摩西奶奶很感興趣，當即給他寄了一張明信片，她在上面寫下這麼一句話：「做你喜歡做的事，上帝會高興的幫你打開成功之門，哪怕你現在已經80歲了。」

　　人生是一段旅程，方向很重要。只有掌握了自己

20 YEARS OLD

人生的方向，每個人才可以最大化的實現自己的價值，
正如例子中的摩西奶奶和渡邊淳一。

找到人生方向的人是快樂的。他們的生活與他們
所嚮往的人生方向相一致的，這樣的生活也讓他們的生
命更加有意義。

起點低不要緊，有夢想就有成就

不可否認，因為出生背景、受教育程度等各方面原因，每個人的起點有高低之分。但是起點高的人不一定能將高起點當做平臺，走向更高的位置。即使起點低，只要20幾歲的年輕人有夢想，肯上進，同樣可以達到更高的位置。

「打工皇后」吳士宏第一個成為跨國資訊產業公司中國區總經理的中國人，是唯一一個取得如此業績的女性，她的傳奇也在於她的起點之低—只有初中文憑和英語大專文憑。而她的秘訣就是「沒有一點雄心壯志的人，是肯定成不了什麼大事的」。

吳士宏年輕時命途多舛，還曾患過白血病。戰勝病魔後她開始珍惜寶貴的時間。她僅僅憑著一台收音機，花了一年半時間學完了英語三年的課程，並且在自學的高考英語專科畢業前夕，她以對事業的無比熱情和

非凡的勇氣成功應徵到IBM公司，而在此前人力資源服務公司向IBM推薦過好多人都沒有被聘用。她的信念就是：「絕不允許別人把我攔在任何門外！」

在IBM工作的最早的日子裡，吳士宏扮演的是一個卑微的角色，沏茶倒水，打掃清潔，完全是腦袋以下肢體的勞動。在那樣一個先進的工作環境中，由於學歷低，她經常被無理刁難。吳士宏暗暗發誓：「這種日子不會久的，絕不允許別人把我攔在任何門外。」後來，吳士宏又對自己說：「有朝一日，我要有能力去管理公司裡的任何人。」為此，她每天比別人多花6個小時用於工作和學習。經過艱辛的努力，吳士宏成為同一批聘用者中第一個做業務代表的人。繼而，她又成為第一批本土經理，第一個IBM華南區的總經理。

在人才濟濟的IBM，吳士宏算得上是起點最低的員工了，但她十分「敢」想，想要「管理別人」。而一個人一旦擁有進取心，即使是最微弱的進取心，也會像一顆種子，經過培育和扶植，它就會茁壯成長，開花結果。

2
CHAPTER　　**年輕時的夢想決定你未來的路**

　　我們應該承認，教育是促使人獲得成功的捷徑。即使如吳士宏只有初中文憑和英語大專文憑，依然可以取得成功。我們這裡所指的教育是傳統意義上的學校教育，你不妨就把它通俗而簡單的理解為文憑。一紙文憑好比一塊最有力的敲門磚，可能會有很多人質疑這一點，但是如果你知道人事部經理怎樣處理成山的履歷，你就會後悔當初沒有上知名大學了。他們會首先從學校中篩選，如果知名大學應徵者的其他條件都符合，他就不會再翻看其他的履歷了。

　　但是，知名大學就只有那麼幾所，獨木橋實在難以通過。很多人在這一點上就落後了不少，於是在真正踏上社會，走入職場時，就會有起點差異。不過值得慶幸的是，很多成功者都是從低起點開始做起的，他們之所以能在落後於人的情況下後來居上，夢想的支持力不可忽視。

即使你起點低也不要氣餒、自暴自棄，只要有夢想並堅持著為之努力，同樣可以攀登成功的高峰，獲得令他人羨慕的成就。

確立你的人生目標

　　研究一些成功者的成功軌跡，就會發現他們走向成功之前大都有著自己的明確目標。美國成功學家拿破崙・希爾在《一年致富》中有這樣一句名言：一切成就的起點是渴望。一個人追求的目標愈高，他的才能發展就愈快。一心向著自己目標前進的人，整個世界都給他讓路。希爾認為，所有成功，都必須先確立一個明確的目標，當對目標的追求變成一種執著時，你就會發現所有的行動都會帶領你朝著這個目標邁進。目標就是力量，奮鬥才會成功。

　　古今中外凡在智慧上有所發展、事業上有所成就的人，無不有著明確而堅定的目標。英國前首相班傑明・迪斯雷利原本是一名並不成功的作家，出版數部作品卻無一能給人留下深刻印象。後來迪斯雷利涉足政壇，決心成為英國首相。他克服重重阻力，先後當選議員、下議院主席、高等法院首席法官，直至1868年實現

20
YEARS OLD

既定目標成為英國首相。對於自己的成功，在一次簡短的演說中迪斯雷利一言以蔽之：「成功的秘訣在於堅持目標。」

正是明確而堅定的目標使他贏得了最終的成功。

可以說，一個人之所以偉大，首先在於他有一個偉大的目標。目標能夠指導人生，規範人生。目標之於事業，具有舉足輕重的作用。忽視目標定位的人，或是始終確定不了目標的人，他們的努力就會事倍功半，難以達到成功的彼岸。

日常生活中，你一定會先確定目的地，並且帶好地圖，才會出遠門。然而，100個人當中，大約只有2個人清楚自己一生要的是什麼，並且有可行的計畫達到目標。這些人都是各行各業中的領導者——沒有虛度此生的成功者。因為一個一心向著自己目標前進的人，整個世界都會給他讓路。如果你確定知道自己要什麼，對自己的能力有絕對的信心，你就會成功。如果你還不知道自己的一生想要追求什麼，現在就開始，想好自己要什麼，你有幾分的決心，何時會做到。

　　20幾歲是人生的一個新階段，也是規劃人生的最好時期，在這個階段要明確未來的生活方向，才會讓人生絢麗多彩。

　　20幾歲的年輕人可以確定心中想要的生活，利用以下四個步驟，認清你的目標：

　　第一，把你最想要的東西或想達成的目標用一句話清楚的寫下來。

　　在表述這個目標時，一定要以你的夢想和個人的信念作為基礎。這是為了讓你更加明確自己想要什麼，同時寫在紙上，也可以時時的提醒你。

　　第二，寫出明確的計畫，如何達成這個目標，清楚的寫出你要怎麼做。

　　這會讓你更清楚要完成自己的目標，需要付出多少努力，會遇到哪些困難，做好戰勝一切阻礙的心理準備。

　　第三，訂出完成既定目標明確的時間表。

　　這會讓你瞭解這個目標是太急了，還是太慢了。如果時間又太急，達不成目標時會挫傷你的積極性，這

時候你就需要給自己更多的時間；如果時間又太長了，如果滋生你的惰性，這時候你需要把時間縮短點。

第四，牢記你所寫的東西，每天複述幾遍。

這個步驟是會了讓你時刻牢記自己的目標，當你想懈怠的時候，可以透過這個方法激勵自己。

遵照這幾個步驟，你很快會驚訝的發現，你的人生愈變愈好。這套模式將引導你與無形的夥伴結合，讓他替你除去途中的障礙，帶來你夢寐以求的有利機會。持續進行這些步驟，你就不會因為別人的懷疑而動搖。

記住，任何事情都不會偶然發生，都一定是有原因的，包括個人的成功。成功都是下定決心，相信自己會做到的人，以切實的行動、謹慎的規劃及不懈的努力而達到結果。

不妨把目標定得稍高一些

生活中的你一定不能因為暫時的困境而委靡不振，你需要在困頓中明確自己的定位，因為定位不僅能改變你的人生目標，更能改變你對人生的看法和對生活的態度。把你的定位再提高一些，你的人生就會有所不同。

一個人在河邊釣魚，一條接著一條，收穫頗豐。奇怪的是，路人注意到那個人釣到大魚就把它放回河裡，小魚才裝進魚簍裡去，感到很好奇，他就走過去問那個釣魚的人為什麼要那麼做。釣魚翁答道：「老兄，你以為我喜歡這麼做嗎？我也是沒辦法，我只有一個小煎鍋，煎不下大魚啊。」

很多時候，我們就像例子裡釣魚的人，雖有一番雄心壯志，但會習慣性的告訴自己：「算了吧。我想的

未免也太多了，我只有一個小鍋，煮不了大魚。」我們甚至會進一步找藉口來勸退自己：「更何況，如果這真是個好主意，別人一定早就想過了。我的胃口沒有那麼大，還是挑容易一點的事情做就行了，別累壞了自己。」

戴高樂說：「眼睛所到之處，是成功到達的地方，唯有偉大的人才能成就偉大的事，他們之所以偉大，是因為決心要作出偉大的事。」教田徑的老師會告訴你：「跳遠的時候，眼睛要看著遠處，你才會跳得更遠。」

一個人要想成就一番大的事業，必須樹立遠大的理想和抱負，有廣闊的視野，不追求一朝一夕的成功，耐得住寂寞和清貧，按照既定的目標，始終堅持下去，到最後，他一定會獲得成功。

有一次，任國的公子決心要釣一條大魚，他做了一個特大的鉤，用很粗的黑絲繩做釣線，用50頭牛做釣餌。一切準備完後，他蹲在會稽山上，開始了等待。整

整一年過去了，他卻一條魚也沒有釣到。但他並不洩氣，每天照舊耐心的等待。

終於有一天，一條大魚吞了他的魚餌，大魚很快牽著魚線沉入水底。過了不大一會兒，又擺脊竄出水面。幾天幾夜後，大魚停止了掙扎，他把大魚切成許多塊，讓南嶺以北的許多人都嚐到了大魚肉。

那些成天在小溝小河旁邊，眼睛只看見小魚小蝦的人，怎麼也想不通他是如何釣到大魚的……

任國的公子之所以能釣到大魚，在於他一開始就把目標鎖在了大魚上。而其他人的目光只能放在小溝小河旁，所以永遠釣不到大魚。

孔子說：「取乎上，得其中；取乎中，得其下。」就是說，假如目標定得很高，取乎上，往往會得其中；而當你把定位定得很一般，很容易完成，取乎中，就只能得其下了。

不妨把自己的定位定得高一些，因為願景所產生的力量更容易讓人在每天清晨醒來時，不再迷戀自己的床榻，而會抱著十足的信心和動力去面對新的挑戰。

如何制定成功的人生規劃

　　小賢在前幾次工作都被老闆辭退後，找到了一份自己喜歡的廣告企劃工作。在入職的第一天，老闆問他，「你有沒有想像過十年後的你是什麼樣子？」

　　小賢搖了搖頭。

　　「五年後呢？」

　　他仍然搖頭。

　　「那如果有一天你丟掉了這份工作呢？」

　　「再找一份自己的喜歡的工作。」

　　「你沒有沒想過你工作是為了什麼，你想要什麼樣的生活，你又該如何去得到？」

　　小賢被問住了。

　　「為你的人生作一個規劃，它會讓你更加明確自己的目標，同時也更有動力。」

　　小賢聽完老闆的話後，第一個開始思索人生規劃

的事。他開始明白自己的人生不能一直在被辭退與找工作中度過。他先給自己制定了一個小目標─五年內做上創意總監的位置。

有了明確的目標了，他也越發有動力，做事也變得清晰多了。最終他也實現了自己的這個目標。

這個例子告訴我們：「凡事豫則立，不豫則廢。」這也是大多數成功人士之所以能夠成功的關鍵所在。一個清晰的人生規劃讓你不再隨波逐流，同時也能幫助你認清自己的實力，發揮自己的優勢，更好的掌控自己的人生。

那麼年輕人該如何制定成功的人生規劃呢？

首先，你要弄明白自己的主要人生目標是什麼，或者，你想過什麼樣的生活。比如，有的人希望有房有車；有的人希望能成為自己喜歡的行業的領軍人物；有的人則希望能成為自由職業者，等等。

其次，瞭解了自己的人生目標後，該著手把這個目標具體化了，或者是一個五年計劃，也可以是一個十

年或者二十年計畫。

在具體化這個目標前，你要問自己這樣幾個問題：第一，五年或十年後，我希望自己在做什麼；第二，我希望自己可以賺什麼錢；第三，我希望自己在過一種怎樣的生活。

這些問題是讓你對自己的目標有更清楚的認識。不能好高騖遠，不顧現實。如果今天還租著便宜的房子，無頭緒的找著工作，卻想著5年內要有一家自己的大公司，10年內公司就要進入世界500強，是不太現實的。

最後，明確目標後，就要計畫自己該如何去實現這些目標，且這種計畫越具體越好。

比如你現在還是一個普通圖書編輯，你的計畫是5年之內自己開家圖書公司，做老闆。那麼，這些問題是你應該思考的：你需要有哪些能力和資源才能自己做，包括財力方面、能力方面、個性方面、人脈方面以及知識方面等；自己做大概需要多少資金；你能有多少客戶資源；成為一個獨當一面的人之前，你需要克服哪些缺

點；你的父母、朋友、老闆等能給你多少幫助以及目前你在職的公司你能學到多少東西，有多少上升空間等。

　　細細思量這些問題後，你就會明白自己與目標間有多大差距，該如何縮小這些差距。同時也要明白人所處的環境和條件是不斷變化的，所以一定根據這樣的變化，對自己的人生目標做出相應的修改和調整。

　　不能再只顧著今天，而不懂得為明天著想了。制定成功的人生規劃，時刻集中精力，朝著自己的目標努力前進吧！

瞭解自己，給夢想一個支點

　　現在的人喜歡進行生涯規劃，但是生涯規劃不是事業規劃，不是你要賺多少錢，要買多大的房，而是你怎樣一步一步接近自己想要的生活；在人生的每一個階段，要達到一種什麼樣的自我滿足——這才是人生規劃的真正內容和目的所在。要實現這個規劃，20幾歲的年輕人首先要做的就是找出自己的潛能，全面的瞭解自己，正確的定位自己，這個定位將是我們實現夢想的一個支點。

　　生活中有很多人抱怨工作不盡如人意，不遂心願，太累，沒有成就感，這是一件很可惜的事情。因為他們沒有在適當的位置展現自己的才華，甚至還有些人根本就不知道自己適合做什麼。找對了位置，20幾歲的年輕人才可以充分展現自己的才華，做出一番成就。找到自己的優勢所在，給自己一個正確的定位，才能以此為基礎實現自己的夢想，更好經營自己的人生。

20
YEARS OLD

給自己一個定位首先要考慮的是自己的興趣。有一句被人們說了無數次的話：「興趣是最好的老師。」榮膺「世界十大知名美容女士」、「國際美容教母」稱號的蒙妮坦集團董事長鄭明明就是一個找出自己的興趣和潛力所在，正確定位自己，從而走向成功的典範。

　　在印尼的華人圈子裡，鄭明明的父親很有名望。鄭明明讀小學時，有一天父親特地將中國香港作家依達的小說《蒙妮坦日記》推薦給她。這是依達的成名作品，描寫了一個叫蒙妮坦的女孩子經過愛情、事業的挫折之後，最終實現了自己的夢想的故事。按照父親的設想和願望，女兒以後應該也是個「高知識份子」。然而，從小就喜歡把自己打扮得漂漂亮亮的鄭明明對美的事物更感興趣。當她在街上看到印尼傳統服裝─紗籠布上那精美的手繪圖案時，被藝術的無窮魔力深深吸引住了，被那些給生活帶來美麗的手工藝人的精湛技藝感動了，從此她便萌發了從事美容事業的念頭。

　　鄭明明堅持要為自己負責，走自己想走的路。於

是，她瞞著父親到了日本，在日本著名的山野愛子學校開始了美容美髮學習。那所學校裡都是些富家女，大家每天的生活就是相互比較，比誰的衣服好看，誰打扮得漂亮等。但鄭明明不是這樣，因為她留學不是為了和她們比較、鬥豔，況且她也沒有閒錢比較。由於得不到父親的支持，來到日本的她當時身上只有300美元，這些錢在交完學費、住宿費後就所剩無幾了。冬天的時候，她的同學都穿著各式各樣的皮衣，而她只有一件破舊的黑大衣禦寒。平時下了課，鄭明明還要到美髮店打工。打工一是為了賺錢，二是為了學習人家的經驗。在打工期間，她仔細觀察每個師傅的技術、顧客的喜好、店裡的管理等，以繪製自己未來的事業藍圖。

從日本畢業以後，鄭明明來到了中國香港，租了間店鋪成立了蒙妮坦美髮美容學院。萬事開頭難，創業初期，她一人身兼數職，既是老闆，又是工人；既要迎賓，又要洗頭。堅信「時間就像海綿，要是擠總會有的」，鄭明明每天晚睡早起，至少工作11個小時。忙碌之餘，她還有個習慣，就是到了晚上把白天顧客留的姓

20
YEARS OLD

名、特徵、髮型等資料建成檔案經常翻閱，便於下次和顧客溝通。

經歷了很多的磨難，鄭明明終於成功了。她成立了一個又一個的分店，從香港到中國內地。從此，人們知道了蒙妮坦，也知道了鄭明明。

如果鄭明明按照父親的意願走上那條中規中矩的道路，憑藉她的資質，說不定現在也會很成功，但是絕對不會比現在的她更輝煌。正因為她選擇了自己興趣所在的道路，所以才會激發出自己的潛力，並甘願付出更多的努力和堅持。

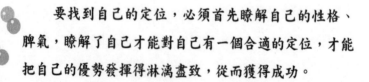

要找到自己的定位，必須首先瞭解自己的性格、脾氣，瞭解了自己才能對自己有一個合適的定位，才能把自己的優勢發揮得淋漓盡致，從而獲得成功。

分步實現夢想

20幾歲的年輕人如果想輕鬆打好人生這副牌，光有夢想、大目標做引導還不行，還必須一步一個腳印，制定每一個事業發展階段的「短期目標」。

要實現自己的目標，需要把遠期目標分解成當前可實現的目標。俗語說得好：「羅馬不是一天建成的。」既然一天建不成輝煌的羅馬，那麼我們就應當專注於建造羅馬的每一天。這樣，把每一天連起來，終將會與成功邂逅。

美國有個84歲的女士莫里斯・溫萊，1960年曾轟動美國。這位高齡老太太，竟然徒步走遍了整個美國。人們為她的成就感到自豪，也感到不可思議。

有位記者問她：「你是怎麼實現徒步走遍美國這個宏大目標的呢？」

溫萊太太的回答是：「我的目標只是前面那個小

鎮。」

　　溫萊太太的話很有道理。其實，人生亦是如此。我們每個人都有自己的夢想、自己的人生目標，如果你不能一下子實現自己的目標，不妨將長期目標分解成一個個當前可實現的小目標，分步實現大目標。

　　1984年，在東京國際馬拉松邀請賽上，名不見經傳的日本選手山田本一出人意料的奪得了世界冠軍。當記者問他憑什麼取勝時，他說：「憑智慧戰勝對手。」

　　兩年後，在義大利國際馬拉松邀請賽上，山田本一再次奪冠。記者又請他談經驗，性情木訥的山田本一還是那句話：「用智慧戰勝對手。」許多人對此迷惑不解。十年後，山田本一在自傳中解開了這個謎，他說：「每次比賽前，我都要乘車把比賽的路線仔細看一遍，並記下沿途比較醒目的標誌，一直記到賽程終點。比賽開始後，我以百米的速度奮力向第一個目標衝去，在到達第一個目標後，我又以同樣的速度向第二個目標衝

去。40多公里的賽程，就這樣被我分成幾個小目標輕鬆完成了。最初，我並不懂這樣的道理，我把目標定在40公里外的終點線上，結果我跑到十幾公里就疲憊不堪了，我被前面那段遙遠的路程給嚇倒了。」

這個例子告訴我們，不要迷失自己的目標，每次只把精力集中在面前的小目標上，這樣，遙不可及的大目標便在眼前了。我們不必想以後的事，不必想一月，甚至一年之後的事，只要想著今天我要做些什麼，明天我該做些什麼，然後努力去完成，把手頭的事辦好了，成功的喜悅就會慢慢浸潤我們的生命。

目標的力量是巨大的。目標應該遠大，才能激發你心中的力量，但是，如果目標距離我們太遠，我們就會因為長時間沒有實現目標而氣餒，甚至會因此變得自卑。所以我們實現大目標的最好方法，就是在大目標下分出層次，分步實現大目標。

在現實中，許多20幾歲的年輕人做事之所以會半途而廢，往往不是因為難度較大，而是因為覺得距離成

20
YEARS OLD

功太遠。確切的說，他不是因為失敗而放棄，而是因為倦怠而失敗。

把大目標分解成小目標，分步實現夢想。如果能夠盡力完成每一個階段目標，那麼自己的夢想也會觸手可得。

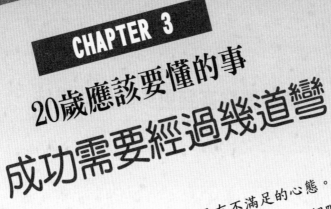

CHAPTER 3

20歲應該要懂的事

成功需要經過幾道彎

想要成功，就要有不滿足的心態。一次成功了，堅信下一次也能成功，要以一個階段的成功更好地推動下一個階段的成功，這樣才能持續進步。

20 years

不滿足讓你嘗到更多的成功滋味

現今視頻搜索網站Pcpie的CEO（首席執行官）達貝妮，她的第一桶金是從賣房子得來的。

當她還在上海交通大學讀書的時候，用自己存的錢付了頭期款，在學校附近買了一間一房一廳的房子。住了一個月左右感覺挺不錯，就標高價掛在網路上面賣，圖好玩。結果一賣出去就賺了14萬，然後她發現這是個賺錢的方法，接下來，她又嘗試性的買了第二間房子，幾個月後，她又把第二間房子賣了，又賺了一筆。從大二到大三短短一年多時間，達貝妮就買賣了十幾間房子。

漸漸的，她覺得這樣賺錢有點慢。房子的價格雖然一直在漲，但是總會有市場價格的限制。於是，她就想到了上海的舊別墅。雖然數量不多，卻有一定的市場。她花了幾個月的時候，終於找到了一間老房子，他

花了170萬元的錢買下，並花了80多萬元精心裝修，結果，房子以800多萬元的高價賣給了一個對中國文化感興趣的外國人，賺到了600多萬元。

　　也許有的年輕人會覺得她的運氣好，所以才賺得了如此多的財富。但是如若當初達貝妮在買賣了幾間房子後，就被幾十萬的淨賺滿足了，而且害怕風險把賺來的錢又賠進去了，那麼是不會有她後來的成功的。如果說她第一次賺錢是運氣的，那麼接下來的成功就是因為她的不滿足了。

　　有多少受到上天眷顧的人，因為沉溺在「滿足」裡而忘記了努力，進而成了上天的「棄兒」，失去了獲得更多成功的機會。

　　而那些渴望成功的人是有野心的，他們不會滿足於自己所取得的一點點小成就。他們知道成功不僅僅是抓住機會，而是抓住更多的機會；不是獲得一點滿足，而是獲得更多的滿足；不是得到一些人的認可，而是得到更多人的認可。

20 YEARS OLD

有一個叫達西的年輕人，他的父親在墨西哥有一座金銀小礦山。達西原本很勤奮的工作，使礦山的運營良好。但是當大量的錢財滾滾而來的時候，他竟然停止了工作，蓋了一間非常奢侈豪華、有著游泳池的豪宅，裡面的傢俱都是從巴黎空運來的，豪宅內的裝修設計也是花高價找著名的設計師設計的，室內擺滿了各式各樣稀奇珍貴的古董。

從此以後，達西沉溺在無止境的奢華生活中，再也不過問礦山的生產。最終，他就在那房子裡了結了餘生，再也沒有做出大的成就。

有不少的年輕人就像例子裡的達西，取得了一點小小的成就就滿足了，忘記了繼續努力奮鬥。

日本直銷天王中島薰說道：「我向來認為自己最大的敵人就是滿足。成功永遠只是起點，而不是終點。」百萬富翁想當千萬富翁千萬富翁想當億萬富翁，億萬富翁想角逐《財富》排行榜。一個越成功的人，自

信心越強，對成功的欲望越大。成功的人已經習慣於成功，他們把成功看成是一種行為習慣，一種思維習慣，他們永遠也不會滿足。

想要成功，就要有不滿足的心態。一次成功了，堅信下一次也能成功，要以一個階段的成功更好的推動下一個階段的成功，這樣才能持續進步。

優柔寡斷，遲遲無法做出決定

有的年輕人在需要做出重要決定的場合，優柔寡斷、思前顧後，無法做出決定，常常延誤時機，錯過了不少成功的機會。這樣的年輕人缺少的正是——果斷。

果斷，是指一個人能適時的做出經過深思熟慮後的決定，並且徹底的實行這一決定，在行動上沒有任何躊躇和疑慮。果斷是成大事者累積成功的資本。果斷的個性，能使我們在遇到困難時消除猶豫和顧慮，勇往直前。

有的人面對困難，左顧右盼、顧慮重重，看起來思慮全面，實際上毫無頭緒。他們這樣做不但分散了自己與困難對抗的精力，更重要的是會銷蝕跟困難對抗的勇氣。果斷的個性在這種情況下，則表現為沿著明確的思想軌道，擺脫對立動機的衝突，克服猶豫和動搖心理，堅定的採納在深思熟慮基礎上擬定的方法，並立即行動起來與困難作對抗，以取得最好的效果。

　　李曉華，中國富豪之一。在20世紀80年代就曾以一舉斥資購下「法拉利」在亞洲限量發售的新款賽車而名聞京城。在李曉華的個人生意投資史上，最驚心動魄的是在馬來西亞的一樁買賣。

　　當時，馬來西亞政府準備籌建一條高速公路，修往一個並不繁華的地方。雖然政府給了很優惠的政策，但因人們認為這條並不長的公路車流量不大而無人競標。李曉華聞訊趕往該地考察，並得到一個極其重要的資訊：距公路不遠處有一個尚待最後確認的儲量豐富的大油氣田。只因尚未確認，媒體沒有正式公佈。

　　如果這一消息得到確認並正式公佈，那麼這條公路上的車流量可想而知，隨著消息的公佈，整個地價會直線上揚，前景廣闊。

　　李曉華經過周密籌畫，毅然冒著破產的可能，咬牙拿出全部積蓄和房產作抵押，從銀行貸款3000萬美元拿下了這個工程。但期限只有半年，倘若在這期間內這條公路不能脫手，貸款還不出來，李曉華將傾家蕩產，

一貧如洗。

　　5個月過去了，油氣田沒有任何消息。其間，這位備受煎熬的富豪為了節約開支，吃起了便當和泡麵，只坐最便宜的老式有軌電車。他的身心備受煎熬，前程吉凶未卜，他甚至開始考慮「後事」了。

　　可是到了第5個月零16天時，消息終於正式公佈了。當天，投標項目就立即翻了一番，並連續幾天持續看漲。李曉華的前瞻性投資終於得到了較大的回報。

　　李曉華的成功正源於他當初的果斷決策。

　　果斷，是勇敢、大膽、堅定和頑強等多種素質的綜合。果斷，是在克服優柔寡斷的過程中不斷增強的。許多人在採取決定時，常常感到這樣做也有不妥，那樣做也有困難，無休止的糾纏於細節問題，在諸方案中猶豫不決，陷入束手無策和茫然不知所措的境地，這就是事前思慮過多的緣故。大事情是需要深思熟慮的，然而生活中真正稱得上大事的並不多。況且，任何事情，總不能等待形勢完全明朗時才做決定。事前多想固然重

要，但「多謀」還要「善斷」。

　　果斷，是在克服膽怯和懦弱的過程中實現的。果斷要以果敢為基礎，大方向看準了，有七分把握了，就要果斷的下定決心。

　　果斷，要從乾脆俐落、斬釘截鐵的行為習慣開始養成。生活中不少事情確實既可以這樣又可以那樣，遇到這樣的小事，就不必考慮再三，大可當機立斷。否則，連日常的生活瑣事也是不乾不脆，拖泥帶水，這樣又怎麼能夠培養出果斷的決策能力、迎接成功呢？

2 0
YEARS OLD

成功，最難的是行動

螢火蟲只有在飛的時候才會發光。同樣，要成為一個成功者，必須行動起來，必須積極的努力，積極的奮鬥。成功者從來不拖延，也不會等到「有朝一日」再去行動，而是今天就動手去做。他們忙忙碌碌盡所能做了一天之後，第二天又接著去做，不斷的努力、失敗，直至成功。

我們一定遇見過不少那種喜歡說「假若……我已經……」的人吧！他們總是喋喋不休的大談特談自己以前錯過了某些成功機遇，或者正在「打算」將來做出一番什麼事業。

這些總是談論自己「可能已經辦成什麼事情」的人，不是進取者，也不是成功者，而只是空談家。正如某位實幹家所說：「假如說我的成功是在一夜之間得來的，那麼，這一夜乃是無比漫長的歷程。」

不要等待「時來運轉」，也不要由於等不到而覺

得惱火和委屈，要從小事做起，要行動爭取成功！

　　有一個人一直想到羅馬旅遊，於是設計了一個旅行計畫。他花了幾個月閱讀能找到的各種資料—關於羅馬的藝術、歷史、哲學、文化。他研究了羅馬地圖，預訂了飛機票，並制定了詳細的日程表。他標出要去觀光的每一個地點，每個小時去哪裡都定好了。

　　有個朋友知道他對這次旅遊的安排，到他家做客時問他：「羅馬怎麼樣？」

　　「我想，」這人回答，「羅馬是不錯的，可是我沒去。」

　　朋友驚訝的問道：「什麼？你花了那麼多時間做準備，出什麼事了嗎？」

　　「我是喜歡安排旅行計畫，但我不願坐飛機，受不了，所以待在家裡沒去。」

　　冥思苦想、謀劃如何有所成就都不能代替實踐。沒有行動的人只是在做白日夢，正如上述例子裡的人一

樣。

　　英國前首相班傑明・迪斯雷利曾指出，雖然行動不一定能帶來令人滿意的結果，但不採取行動就絕無滿意的結果。

　　「先投入戰鬥，然後再見分曉。」拿破崙如是說。只有行動起來，才能夠獲得成功；只有行動起來，才能賺脫輿論的枷鎖。因為「這個世界上愛唱反調的人真是太多了，他們隨時隨的都可能列舉出千條理由，說你的理想不可能實現。你一定要堅定立場，相信自己的能力，努力實現自己的理想。」

　　但丁在《神曲》中描述自己在其導師—古羅馬詩人維吉爾的引導下，遊歷了慘烈的九層地獄後來到煉獄，一個魂靈呼喊他，他便轉過身去看。這時導師維吉爾這樣告訴他：「為什麼你的精神分散？為什麼你的腳步放慢？人家的竊竊私語與你何干？走你的路，讓人們去說吧！要像一座卓立的塔，絕不因暴風雨而傾斜。」只要你認準了路，確立好人生的目標，就永不回頭。向著目標，勇敢邁出步伐，相信你一定會到達成功的彼

岸。

行動起來，專心致志的做好你現在所做的工作；堅持下去，直到把事情做好，「機遇」就會來到，成功也就不遠了。

掌控好壓力，成功不是問題

壓力是好事還是壞事？人在遇到壓力的時候，可能都會向朋友抱怨：「我壓力太大了，做不下去了。」朋友就會給你忠告：「壓力就是動力。」科學家認為：人是需要激情、緊張和壓力的。如果沒有既甜蜜又有痛苦的冒險滋味的「滋養」，人的機體就無法存在。對這些情感的體驗有時就像藥物和毒品一樣讓人上癮，適度的壓力可以提高人的免疫力，從而延長人的壽命。而且，壓力不僅能激發鬥志，還能創造奇蹟。

日本的北海道盛產一種味道珍奇的鰻魚，海邊漁村的許多漁民都以捕撈鰻魚為生。鰻魚的生命非常脆弱，只要一離開深海區，要不了半天就會全部死亡。

有一位老漁民天天出海捕撈鰻魚，奇怪的是，返回岸邊之後，他的鰻魚總是活蹦亂跳。而其他捕撈鰻魚的漁民，無論怎樣對待捕撈到的鰻魚，回港後都已經死

了。

　　由於鮮活鰻魚的價格要比冷凍的鰻魚貴出一倍，所以沒幾年工夫，老漁民便成了遠近聞名的富翁。周圍的漁民做著同樣的事情，卻只能維持基本的溫飽。

　　後來，人們才發現其中的奧秘。原來，鰻魚不死的秘訣，就是在整倉的鰻魚中放進幾條狗魚。鰻魚與狗魚是出了名的死對頭。幾條勢單力薄的狗魚遇到成倉的對手，便驚慌的在鰻魚堆裡四處亂竄，這樣一來，整船死氣沉沉的鰻魚就活蹦亂跳了起來。

　　故事說明的道理非常簡單，無非就是透過引入外界的競爭者來啟動內部的活力。沒有壓力的生活會使人生活得沒有滋味。試想，如果所有的員工都是一樣的工資，不管付出多少，那還會有誰願意繼續努力？人們就會混日子，變得越來越懶散，激情也將消失殆盡！嚴重一點，社會也將停滯不前。

　　當然，壓力也不能太大，「愛」得不能太深。「愛」得太深，壓力就會給你太多的困難，就會讓你喘

不過氣來，它會讓你流淚，把你壓垮。

　　就拿高考來說，十年苦讀，只為的「金榜題名」的那天，準備考試的日子本來就枯燥無比，不能看電視，不能玩，只能學習學習再學習，如果在這種情況下還要給學生壓力，那他就有可能承受不住，身體和心理都會受到傷害。

　　所以，在生活中，既要有壓力，又要懂得釋放壓力，壓力的按鈕掌握在自己手裡，聰明人操控它，愚蠢的人被它操控。當你沒有了激情，懶懶散散的時候，那就給自己加壓，定下一個目標，限期完成；當你感到壓力使自己心身疲憊的時候，就要給自己減壓，放鬆自己。

　　生活就是這樣，因壓力的不同而有所改變，不要為壓力感到痛苦。壓力就是這樣，有時讓你無奈，有時讓你愛，所以，20幾歲的年輕人要學會掌控好壓力，這樣獲得成功也不是問題了。

承受住各種考驗

不少20幾歲的年輕人都埋怨自己工作辛苦，埋怨上司和社會對自己的折磨，殊不知，唯有折磨才能使你不斷超越自我、不斷進步。

一個人不但要接受他所希望發生的事情，而且還要學會接受他所不希望發生的事情。要適應現實，接受任何不可改變的事實，心平氣和，以平常心面對周圍所發生的一切，而不是唉聲歎氣，自尋煩惱，更不要企求社會來適應你，奢望世界為你一人而改變，這是不可能實現的空想。在困難面前，如果你能承受折磨，你將會贏得長足發展；如果你不能忍受，那麼等待你的也許就是被社會淘汰。

某高校電腦系的學生畢業後如願進了一個頗有名氣的軟體發展公司，本以為可以用上往日在學校裡學習累積起來的程式設計技術，在公司一展身手，出人頭

地。

　　可是萬萬沒想到，就在他工作3個月後，上司竟突然讓他負責電腦病毒的防治工作，這與他在學校裡所學習的內容有很大的差別。開始，他產生了消極情緒，怎麼辦呢？經過沉思後，他想通了，只有面對現實，於是又拿起了病毒方面的書籍，開始學習新的知識來適應現在的環境。漸漸的，他竟然喜歡上了反病毒這個行業，且很快就開發了一個全新的反病毒軟體，給公司帶來了可觀的收入。

　　當我們面對不如意的事情時，當我們面對現實和理想的衝突時，唯有像例子裡一樣面對現實，適應現實，克服困難，奮發圖強，才可做一個勇往直前的成功者。

　　如果我們沒能學會面對、適應現實，而是逃避現實的話，我們將因經不起考驗而被現實所淘汰，成功也將與我們擦肩而過。

　　曉東畢業後被分配到一個海上油田鑽井隊，到海上工作是他從小就有的夢想。在海上工作的第一天，領班要求他在限定的時間內登上幾十米高的鑽井架，把一個包裝好的漂亮盒子送到最頂層的主管手裡。他拿著盒子快步登上高高的、狹窄的舷梯，氣喘吁吁、滿頭是汗的登上頂層，把盒子交給主管。主管只在上面簽下自己的名字，就讓他送回去。他又快跑下舷梯，把盒子交給領班，領班也同樣在上面簽下自己的名字，讓他再送給主管。

　　他看了看領班，猶豫了一下，又轉身登上舷梯。當他第二次登上頂層把盒子交給主管時，渾身是汗，兩腿發顫，主管卻和上次一樣，在盒子上簽下名字，讓他把盒子再送回去。他擦擦臉上的汗水，轉身走向舷梯，把盒子送下來，領班簽完字，讓他再送上去。

　　這時他有些憤怒了，他看看領班平靜的臉，盡力忍著不發作，又拿起盒子痛苦的一個臺階一個臺階的往上爬。當他爬上到最頂層時，渾身上下都濕透了，他第三次把盒子遞給主管，主管看著他，傲慢的說：「把盒

子打開。」他撕開外面的包裝紙，打開盒子，裡面是兩個玻璃罐，一罐咖啡，一罐奶精。他憤怒的抬起頭，雙眼噴著怒火，射向主管。

主管又對他說：「把咖啡泡上。」曉東再也忍不住了，「叭」的一下把盒子扔在地上：「我不幹了！」說完，他看看倒在地上的盒子，感到心裡痛快了許多。

這時，這位傲慢的主管站起身來，直視著他說：「剛才讓你做的這些，叫做承受極限訓練，因為我們在海上作業，隨時會遇到危險，要求隊員身上一定要有極強的承受力，承受各種危險的考驗，才能完成海上作業任務。可惜，前面三次你都通過了，只差最後一點點，你沒有喝到自己泡的甜咖啡。現在，你可以走了。」

曉東可能自己也沒有想到，主管對自己的折磨是一種考驗，更是一種鍛煉。他對這種鍛煉的蔑視與不能忍受，使他最後失去了自己夢寐以求的工作。

在通往成功的路上，毫無疑問，你會遇到各式各樣的考驗。也許你會被這些考驗逼瘋，想著要放棄，但是，請你記住：經過這些考驗後，你的能力和意志力都會得到極大的提高。承受住各種考驗，多用心、多忍耐，你就會獲得更大的提高。

20
YEARS OLD

117

沉著冷靜才能轉危為安

　　生活中充滿了種種偶然與不測，精神無時無刻不在忐忑不安之中。而冷峻、達觀的胸懷能讓不安的心情得以寬釋，沉著冷靜之後重新振奮的精神可以產出一種積極向上的力量，讓我們勇敢的面對生活中的種種難題。這是成功者所獨有的品質，他們能從一時的壓抑中醞釀出一生的執著，從一時的失意中激發出一生的激情。

　　正如魯迅先生所說：「偉大的心胸，應該表現出這樣的氣概──用笑臉來迎接悲慘的厄運，用百倍的勇氣來應對一切的不幸！我們應該具有這樣的心胸和勇氣！」

　　東晉時期的名臣謝安，素有沉著冷靜聰慧之名，至今為止，其品性和行事風格依然被人稱道。晉簡文帝時，權臣桓溫想要簡文帝禪位給他，簡文帝死後，謝安

等人趁他不在京都，馬上立太子做了皇帝。桓溫氣急敗壞，於是在甯康元年（373年）二月，親率大軍，殺氣騰騰的回兵京師，向謝安問罪。並欲趁機掃平京城，改朝換代。眼見朝廷上下，人心惶惶，新帝司馬曜也不得不下詔讓吏部尚書謝安和侍中王坦之到新亭迎接桓溫。

桓溫的到來更給二月的京城平添了一派肅殺氣象。桓溫回來時，文武百官紛紛跪拜在道路兩旁迎接，甚至連抬頭看一眼威風凜凜從眼前經過的桓溫的勇氣都沒有。但謝安面對四周殺氣騰騰的衛兵，卻走到路中央坐下，先是作了一首詠浩浩洪流的《洛生詠》，然後才從容的對桓溫說：「我聽說諸侯有道，就會命守衛之士在四方防禦鄰國的入侵。明公入朝，會見諸位大臣，哪用得著在牆壁後佈置人馬呢？」桓溫臉色一變，怕自己背上威懾朝廷的惡名，於是賠笑說：「正因為不得已才這樣做呀！」他連忙傳令撤走兵士，籠罩在大家中間的緊張氣氛一下子消除了。

接下來，桓溫又擺酒設饌，與謝安兩人「歡笑移日」，在這歡笑聲中，東晉朝廷總算度過了一場虛驚。

20
YEARS OLD

「泰山崩於前而不驚」，如此的定力不是每個人都具備的。謝安曾經在桓溫的手下做事，面對一身殺氣的桓溫，他要保持鎮定，不僅需要在氣勢上勝過他，更要在內心中勝過他。心堅所以志堅，謝安自然可以在萬軍之中從容不迫、來去自如。

　　世間的千千萬萬苦樂眾生，能夠擁有「泰山崩於前而不驚」的定力之人實屬稀少，但是遇事不驚的心態是可以慢慢培養。人活一世，在所難免要遇到許多突發狀況，令自己變得困窘，陷入危難，此時此刻保持心態平和，認真分析形勢，思考出路，通常都能轉危為安。如果亂了陣腳，反而會讓自己陷入更加不利的境地。

　　一對英國殖民地官員夫婦在家中舉辦一次豐盛的宴會。地點設在他們寬敞的餐廳裡，出口處是一扇通向走廊的玻璃門。客人中有當地的陸軍軍官、政府官員及其夫人，另外還有一名美國的自然學家。

　　午餐中，一位年輕女士與一位上校熱烈的辯論著

是男人勇敢還是女人勇敢的問題。那位美國學者沒有加入這次辯論，他默默的坐在一旁，仔細觀察著在座的每一位。這時，他發現女主人露出奇怪的表情，兩眼直視前方，顯得十分緊張。很快，她招手叫來身後的一位男僕，對其一番耳語。僕人的雙眼驚恐萬分，他很快離開了房間。

　　除了美國學者，沒有其他客人發現這一細節，當然也就沒有其他人看到那位僕人把一碗牛奶放在門外的走廊上。

　　美國學者突然一驚。在印度，地上放一碗牛奶只代表一個意思，即引誘一條蛇。這也就是說，這間房子裡肯定有一條毒蛇。他首先抬頭看屋頂，那裡是毒蛇經常出沒的地方，可是現在那兒光禿禿的，什麼也沒有；再看餐廳的四個角，也是什麼都沒有；現在只剩下最後一個地方他還沒看了，那就是坐滿客人的餐桌下面。

　　美國學者的第一反應便是向後跳出去，同時警告其他人。但他轉念一想，這樣肯定就會驚動桌下的毒蛇，而受驚的毒蛇很容易咬人。於是他一動不動，迅速

的向大家說了一段話，語氣十分嚴肅，以至於大家都安靜了下來。

「我想試一試在座諸位的控制力有多大。我從1數到300，這會花去5分鐘，這段時間裡，誰都不能動一下，否則就罰他50個盧比。預備，開始！」

美國學者不急不緩的數著數，餐桌旁的20個人，全都像雕像一樣一動不動。當數到288時，學者終於看見一條眼鏡蛇向門外的牛奶爬去。他飛快的跑過去，把通向走廊的門一下子關上。蛇被關在了外面，室內立即發出一片尖叫。

「上校，事實證實了你的觀點。」男主人這時歎道，「正是一個男人，剛才給我們作出了從容鎮定的榜樣。」

「且慢！」美國學者說，然後轉身朝向女主人：「溫茲女士，你是怎麼發現屋裡有條蛇的呢？」女主人臉上露出一抹淺淺的微笑：「因為它從我的腳背上爬了過去。」

　　透過這個故事，鎮靜的力量就不言而喻了。蘇軾曾說過：「天下有大勇者，猝然臨之而不驚，無故加之而不怒，此其所挾者甚大，而其志甚遠也。」不管你面對的問題有多麼艱巨，面臨的困難有多麼難以克服，在困難面前不可失措。

　　驚惶失措是成功之人最忌諱的，沉著鎮靜、處變不驚的人，才能夠成為最終的勝利者。臨危不亂的人更容易受人賞識、提拔，從而獲得成功。因為唯有這種人才有乘風破浪、獨挑大樑的氣魄。

不善於利用時間，與成功絕緣

　　成功人士善於將零碎的時間有效的運用起來，從而最大限度的提高工作效率。比如在車上，在等待時，可用於學習、思考、簡短的計畫下一個行動等等。充分利用零碎時間，短期內也許沒有什麼明顯的感覺，但經年累月，將會有驚人的成效。

　　著名美國作家傑克‧倫敦的房間，有一種獨一無二的裝飾品，那就是窗簾上、衣架上、櫃櫥上、床頭上、鏡子上、牆上等到處貼滿了各色各樣的小紙條。傑克‧倫敦非常偏愛這些小紙條，幾乎和它們形影不離。這些小紙條上面寫滿各式各樣的文字：有美妙的詞彙，有生動的比喻，有五花八門的資料。傑克‧倫敦從來都不願讓時間白白的從他眼前溜過去。睡覺前，他默念著貼在床頭的小紙條；第二天早晨一覺醒來，他一邊穿衣，一邊讀著牆上的小紙條；刮臉時，鏡子上的小紙條

為他提供了方便；在踱步、休息時，他可以到處找到啟動創作靈感的語彙和資料。不僅在家裡是這樣，外出的時候，傑克‧倫敦也不輕易放過閒暇的一分一秒。出門時，他把小紙條裝在衣袋裡，隨時都可以掏出來看一看，想一想。

　　由此可見，只要我們多多用心，生活中還是有不少零碎的時間可供我們利用的。

　　班傑明‧富蘭克林曾說過：「世界上真不知有多少可以建功立業的人，只因為把難得的時間輕輕放過而默默無聞。」他在有效利用零碎時間方面堪稱楷模，他說：「我把整段時間稱為『整匹布』，把點滴時間稱為『零星布』，做衣服有整塊布料固然好，布料不夠就儘量把零星的拿來用，天天二三十分鐘，加起來，就能由短變長，派上大用場。」這是成功者的秘訣，也是需要我們學習借鑒的好方法。

　　要合理利用好瑣碎時間，我們需要做好下面幾點：

1 提高執行速度

動作的快慢決定著需耗用的時間長短。動作越快的人，耗用的時間越少，將會有更多的時間用於做其他事或下一個工作，這樣便大大提高了效率。

2 利用「邊角料」時間

我們所強調的時間觀念和節奏觀念，都是為了提高辦事效率。如果一個小時就把需要兩個小時辦的事情辦完了，其效率就提高了1倍。將更多的事情安排在有限的時間裡完成，這多麼有意義！

但是在實際生活和工作中不管你多麼有效率，總是有機會讓你等待：你可能錯過公車、地鐵、飛機，碰上出其不意的中途休息；你也許已經盡可能的小心計畫每一件事，但是你可能意外的被困在機場，平白多了3個小時可利用。

這些時間就是零碎時間。我們要提高時間的利用率，就要學會化零為整，善於把時間的「邊角料」拼湊起來，加以利用。

比如碰到以上這樣的情況，我們可以帶本書、寫

東西、修改報告，可以做任何工作。這樣，你不但挖掘出了你隱藏的時間，而且也向成功者的行列邁進了一步。

3 善於利用假日

按照相關規定，每個人每年節假日的休息時間為10～11天，再加上週末的時間，一年就會有130天左右的假期。如果你把這段時間巧妙的加以利用，也會有一定的收穫。例如，著名數學家科爾就用了3年內的全部星期天解開了「2的62次方減1」是質數還是合數的數學難題。

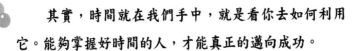

其實，時間就在我們手中，就是看你去如何利用它。能夠掌握好時間的人，才能真正的邁向成功。

20
YEARS OLD

過於依賴他人，
成不了生活的強者

　　扔掉手中的拐杖，我們才可以走出屬於自己的路。人生的軌跡不需要別人決定，只有自己才能為自己的人生畫布著色。去除過於依賴的心理，獨立完成人生的樂譜，相信你一定能奏響生命雄壯的樂章。

　　有些人持有這樣一個謬見，就是以為他們永遠會從別人不斷的幫助中獲益。孰不知，過於依賴他人只會導致我們自己的懦弱，就好比坐在健身房裡讓別人替我們練習，是無法增強自己肌肉的力量的。沒有什麼比依靠他人更能破壞獨立自主精神的了。如果你依靠他人，你將永遠堅強不起來，也不會有獨創力。只有拋開身邊的「拐杖」獨立自主，才能成為生活的強者。

　　美國總統約翰・甘迺迪的父親從小就注意對兒子獨立性格和精神狀態的培養。有一次他趕著馬車帶兒子

出去遊玩。在一個拐彎處，因為馬車速度很快，猛然的把小甘迺迪甩了出去。當馬車停住時，兒子以為父親會下來把他扶起來，但父親卻坐在車上悠閒的掏出煙吸起來。

　　兒子叫道：「爸爸，快來扶我。」

　　「你摔疼了嗎？」

　　「是的，我自己感覺已站不起來了。」兒子帶著哭腔說。

　　「那也要堅持站起來，重新爬上馬車。」

　　兒子掙扎著自己站了起來，搖搖晃晃的走近馬車，痛苦的爬了上來。

　　父親搖動著鞭子問：「你知道為什麼讓你這麼做嗎？」

　　兒子搖了搖頭。

　　父親接著說：「人生就是這樣，跌倒、爬起來、奔跑，再跌倒、再爬起來、再奔跑。在任何時候都要全靠自己，沒人會去扶你的。」

這個事例告訴我們，將希望寄託於他人的幫助，便會形成惰性，失去獨立思考和行動的能力；將希望寄託於某種強大的外力上，意志力就會被無情的吞噬掉。

　　雨果曾經寫道：「我寧願靠自己的力量打開我的前途，而不願求有力者的垂青。」只要一個人是活著的，他的前途就永遠取決於自己，成功與失敗，關鍵都只在於他自己身上。而過於依賴作為對生命的一種束縛，是一種寄生狀態。英國歷史學家弗勞德說：「一棵樹如果要結出果實，必須先在土壤裡紮下根。同樣，一個人首先需要學會依靠自己、尊重自己，不接受他人的施捨，不等待命運的饋贈。只有在這樣的基礎上，才可能做出成就。」

　　為了訓練小獅子的自強自立，母獅子總是故意將牠推到深谷，使其在困境中掙扎求生。在殘酷的現實面前，小獅子掙扎著一步一步從深谷之中走了出來。牠體會到了「不依靠別人，只能憑藉自己的力量前進」，牠逐漸成熟了。

　　拋開過於依賴的拐杖，自立自強，這是所有成功

者的做法。其實，當一個人感到所有外部的幫助都已被切斷後，他就會盡最大的努力，堅忍不拔的去奮鬥，而結果，他會發現：自己可以主宰自己命運的沉浮。

真實人生的風風雨雨，只有靠自己去體會、去感受，任何人都不能為你提供永遠的蔭庇。掌握前進的方向，把握住目標，讓目標似燈塔般在高遠處閃光；獨立思考，有自己的主見，懂得自己解決問題。

不要相信有什麼救世主，你的品格、你的作為，你所有的一切都是你自己行為的產物，並不能靠其他什麼東西來改變。你就是主宰自身一切的神靈，即使駕著一匹贏弱的老馬，但只要馬韁掌握在你的手中，你就不會陷入失敗的泥潭。

讓壞習慣不再如影隨形

「你什麼時候才能改掉你亂扔東西的壞習慣？」

「又拖拖拉拉了，大家都在等著呢，你得快點！」

「剛學了一個星期就膩啦？當初怎麼說的？說一定會堅持學下來！怎麼又是這樣，畫畫堅持不下來，練鋼琴也是這樣！」

你的身上是不是也有著一些壞習慣？對於這些壞習慣你是如何看待的呢？經常聽到有人說：「沒什麼大不了的！小毛病人人都有！」現實生活中，對此抱著無所謂態度的人很多，你是否又是其中一個？

美國著名的心理學家威廉·詹姆士說：「播種行為，收穫習慣；播種習慣，收穫性格；播種性格，收穫命運。」一種好習慣可以成就人的一生，一種壞習慣也可以葬送人的一生。

試想，一個愛睡懶覺、生活懶散又沒有規律的

人，怎麼約束自己勤奮學習和工作？一個不愛閱讀、不關心身外世界的人，能有怎樣的胸襟和見識？一個自以為是、目中無人的人，如何去和別人合作、溝通？一個雜亂無章、思維混亂的人，做起事來的效率會有多高？一個不愛獨立思考、人云亦云的人，能有多大的智慧和判斷能力？

古希臘偉大的哲學家柏拉圖曾告誡一個遊手好閒的青年說：「人是習慣的奴隸，一種習慣養成後，就再也無法改變過來。」

那個青年回答：「逢場作戲有什麼關係呢？」

這位哲學家立刻正色道：「不，一件小事一經嘗試，就會逐漸成為習慣，那就不是小事啦！」

壞習慣就像是身後的尾巴，一直緊緊跟著你，等你發現它嚴重影響了你的生活，才想到要擺脫時，一切恐怕就難以挽回了。要知道，習慣的養成是一個不斷重複的過程，每一次，當我們重複相同的行為時，就等於

20 YEARS OLD

強化了這一行為，最終，就成了根深蒂固的習慣，把我們的思想與行為也纏得死死的。

正如英國桂冠詩人德萊敦在300多年前所說的：「首先我們養出了習慣，隨後習慣養出了我們。」我們是從習慣中走出的，所以，如果想要擁有一個美麗的人生，就需要改掉壞習慣，養成好習慣。

那麼，如何才能讓壞習慣不再如影隨形呢？我們不妨從以下幾點出發：

1. 從思想深處認清不良習慣的危害性。 清楚不良習慣會影響人的身心健康或左右人的行為方式，以爭取自覺樹立起戒除不良習慣的意識。

2. 以好習慣取代壞習慣。 壞習慣之所以存在是因為它能夠在一定程度上使你得到一種心理上的滿足，例如懶惰，所以，如果要與壞習慣徹底告別，可以找一個同樣使你感到滿意好的習慣來取代它。

3. 求得支持。 許多戒除不良習慣者體會到，別人的支持十分重要，是防止復發的有效手段。這種支持可以來自家庭、朋友和志同道合的同事。

4. 避開誘因。 如果你總喜歡在晚上喝咖啡或飲茶，這樣極容易變得興奮因而影響睡眠，你就可以改喝白開水和飲料；如果你和一些朋友在一起，就想聊天而影響完成作業，你就要試著改改對象。

5. 自我獎勵。 取得小成功——如堅持練琴一個月，可以自我獎勵一次，如買本好書給自己或去吃一直想吃卻沒吃的東西。

不要自找藉口，要防止自欺欺人。「這是最後一次，這次之後我就再也……」諸如此類的藉口，其實都是下次再犯的苗頭和徵兆。努力改掉壞習慣，培養好的習慣，這樣才會對成功起到促進作用。

沒有專注，哪來成功

專注是成功的要訣之一，多一分專注，就多一分天才。想改變困境的你，必須多一點專注。

人一心一意的做事情，或許比八面玲瓏顯得死板，也不一定被別人看好。但是，一個人如果想在一生中有所成就，改變不利的現狀，不妨一心一意，「專心」往往能為你帶來意想不到的成功。

一位奧地利作家曾講述對著名雕刻大師羅丹工作的如下見聞和感受：

在羅丹的工作室有著大窗戶的簡樸的屋子，有完成的雕像，有許許多多小塑樣：一隻胳膊，一隻手，有的只是一隻手指或者指節，他已動工而擱下的雕像，堆著草圖的桌子。這間屋子是他一生不斷追求與勞作的地方。

羅丹罩上了粗布工作衫，就好像變成了一個工

人。他在一個台架前停下。

「這是我的近作。」他說，把濕布揭開，現出一座女正身像。

「這已完工了。」我想。

他退後一步，仔細看著。但是在審視片刻之後，他低語了一句：「這肩上線條還是太粗。對不起……」

他拿起刮刀、木刀片輕輕滑過軟軟的黏土，給肌肉一種更柔美的光澤。他健壯的手動起來了；他的眼睛閃耀著。「還有那裡……還有那裡……」他又修改了一下，走回去，把台架轉過來，含糊的吐著奇異的喉音。時而，他的眼睛高興得發亮；時而，他的雙眉苦惱的蹙著。他捏好小塊的黏土，粘在塑像身上，刮開一些。

這樣過了半小時，一小時……他沒有再向我說過一句話。他忘掉了一切，除了他要創造的更崇高的形體意象。他專注於他的工作，猶如在創世之初的上帝。

最後，他扔下刮刀，像一個男子把披肩披到他情人肩上那種溫存關懷般的把濕布蒙上女正身像，於是，他又轉身要走。快走到門口之前，他看見了我。他

凝視著，就在那時他才記起，他顯然因他的失禮而驚惶：「對不起，先生，我完全把你忘記了，可是你知道……」

我握著他的手，感謝的緊握著。也許他已領悟我所感受到的，因為在我們走出屋子時他微笑了，用手撫著我的肩頭。

再沒有什麼比見到一個人全然忘記時間、地點與世界更令我感動。那時，我參悟到一切藝術與偉業的奧妙—專心，完成或大或小的事業的全力集中，把易於糜散的意志貫注在一件事情上。

我們如果仔細觀察一下那些勝出人士的成功史，就不難發現，他們的成功在很大程度上取決於他們的專注，正如例子裡的羅丹。

成功路上成千上萬的失敗者，並不是因為他們沒有才幹，實在應該歸咎於他們不肯集中精力專注的去做最應該做的工作，他們過於分散自己的精力，而且從未

頓悟。其實，如果把那些七零八碎的欲望消除，用自己所有的精力集中去培植一朵花，那麼它將來一定會結出令你驚訝十分美麗豐碩的果子。

無論發生什麼，一定要鎖好你的心，讓它關注應該關注的地方，那樣成功也不會太難。

勤奮助你敲開成功的大門

　　世界上能登上金字塔頂的生物只有兩種：一種是鷹，一種是蝸牛。不管是天資極佳的鷹，還是資質平庸的蝸牛，能登上金字塔塔尖，極目四望，俯視萬里，都離不開兩個字—勤奮。

　　一個人的進取與成才，環境、機遇、天賦、學識等外部因素固然重要，但更重要的是依賴於自身的勤奮與努力。缺少勤奮的精神，哪怕是天資極佳的雄鷹也只能空振雙翅；有了勤奮的精神，哪怕是行動遲緩的蝸牛也能雄踞塔頂，觀千山暮雪，渺萬里層雲。事業上的成功不單純靠能力和智慧，更要靠每一個參與者的忠誠、敬業和勤奮。

　　加倫現在是一家建築公司的副總經理。五六年前，他是一名送水工被建築公司徵才進來的。在送水的過程中，他並不像其他的送水工一樣，剛把水桶搬進

來，就一面抱怨工資太少，一面躲在牆角抽煙。

　　每一次，他都給每一個工人的水壺倒滿水，並利用他們休息的時間，纏著讓他們講解關於建築的各項知識。很快，這個勤奮好學的人引起了建築工頭的注意。2周後，他被提拔為計時員。

　　當上計時員的加倫依然勤勤懇懇的工作，他總是早上第一個來，晚上最後一個離開。由於他對所有的建築工作（如地基、砌磚、和泥漿等）非常熟悉，當建築隊的負責人不在時，工人們總愛問他。

　　有一次，建築隊的負責人看到加倫把舊的紅色法蘭絨撕開包在日光燈上，以解決施工時沒有足夠的紅燈來照明的困難，這位負責人便決定讓這個勤懇又能幹的年輕人做自己的助理。

　　就這樣，加倫透過勤奮的工作抓住了一次又一次機會，用了短短的5年時間，便升遷到了建築隊所屬的這家建築公司的副總經理。

　　雖然成了公司的副總，加倫依然堅持自己勤奮工作的作風，他常常在工作中鼓勵大家學習和運用新知

20
YEARS OLD

識，還常常自擬計畫，自己畫草圖，向大家提出各種好的建議，受到公司高層與同事的喜愛與推崇。

加倫的成功正是緣於他的勤奮與好學。人的一生是短暫的，一個人在短暫的一生中真正要成就一番事業，那就一定要勤奮。但凡事業有成者，無一不是勤奮、執著的追求者。

舉世矚目的科學家霍金也是一個勤奮的人。史蒂芬·霍金在牛津大學畢業後即到劍橋大學讀研究生，當時他被診斷患了「盧伽雷病（肌萎縮性脊髓側索硬化症）」，不久，就完全癱瘓了。

後來又因肺炎進行了穿氣管手術而喪失了語言能力，只能依靠安裝在輪椅上的一個小對話機和語言合成器與人進行交談；他看書必須依賴一種翻書頁的機器，讀文獻時需要請人將每一頁都攤在大桌子上，然後驅動輪椅如蠶食桑葉般逐頁閱讀……

但霍金沒有因為病痛的折磨而放棄對學習的渴

望，他在這種一般人難以置信的艱難中，成為世界公認的引力物理科學巨人。

他年復一年以驚人的毅力繼續從事物理學研究，他的黑洞蒸發理論和量子宇宙論不僅震動了自然科學界，而且對哲學和宗教也有著深遠影響。霍金還在1988年4月出版了《時間簡史》，現已用33種文字發行了550萬冊。

霍金的成功與其說歸功於他的天賦，還不如說歸功於他那勤奮執著的精神。

勤奮出才能，勤奮出成果，勤奮是成功的支點。大千世界，五彩繽紛，人們很容易左顧右盼、見異思遷。但天才和靈感的女神，往往只鍾愛不畏辛勞、甘灑血汗的勤奮者。

我們應該看到，「勤」和「苦」總是緊密相連、如影隨形的。一切天才的機遇和靈感，從來都是以勤奮為前提的。

　　勤奮不僅意味著吃苦與實幹，而且還意味著必須持之以恆、百折不撓，這樣才有可能叩開成功的大門。

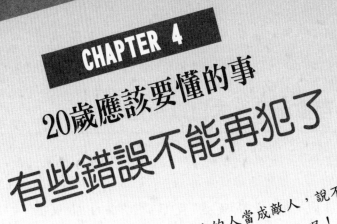

CHAPTER 4

20歲應該要懂的事

有些錯誤不能再犯了

不要把批評你的人當成敵人,說不定他們正

是促進你成長與成功的重要因素呢!

20 years

自命不凡，太自以為是

　　一句「是金子總會發光的」的名言曾經激勵了無數人，但同時，也誤導了許多人：他們每天沉醉在自戀的美夢當中，把自己想像成世界上獨一無二的「金子」，等待著發光發熱的那一天，但最後的結果竟是摔得無比慘重。

　　他們太自以為是了，認為自己不出手這件事情就辦不好。其實沒有他們地球照樣轉動。在人際交往中，那些謙讓而豁達的人總能贏得更多的朋友；相反，那些自尊自大、孤芳自賞的人總會引起別人的反感，最終在交往中走到孤立無援的地步。

　　安德森是個非常優秀的青年，頭腦一向很聰明，在大學期間是令人羨慕的「高材生」。或許正是因為他太優秀了，所以其他人在他眼裡簡直不值一提。

　　他是一個特立獨行的人，時時覺得自己是「鶴立

雞群」的。不僅周圍的同學他看不上眼，連一些教授他也不放在心上，因為他們講的課程對安德森來說實在太簡單了。

學業上的優秀使安德森逐漸形成了一種優越感，因而在人際交往上常常變得極為挑剔，容不得別人有一點毛病。一次，有位同學向他借了一本書，書還回來時弄破了一點，雖然那位同學一再向他表示歉意，但安德森仍然無法原諒他。儘管礙於面子，他當時什麼話也沒說，然而從那以後，他再也不願理睬那個借書的同學了。

漸漸的，安德森成了其他同學眼中的「怪人」，大家不敢再和他交往，甚至不願意和他交往。

當然，這種「集體排斥」並沒有阻礙安德森在學業上的成功。他的功課門門都很優秀，年年都獲得獎學金，還曾代表學校參加過國際性競賽並獲得了獎項。許多老師和學生都一致認為，他是一個難得的「天才」。

數年寒窗苦讀後，安德森以優異的成績畢業，順利進入一家待遇優厚的大公司。他心中對未來充滿了憧

憬，準備做出一番轟轟烈烈的事業來。

　　不過，上班後的生活遠遠不像在學校裡那樣簡單，每天都少不了和上司、同事、客戶等各式各樣的人打交道，安德森對此感到十分厭煩。原因在於，他在與人交往時仍然抱著那種挑剔的心理，一旦與人接觸就對他人的弱點非常敏感。

　　他總覺得沒有人能夠和自己相提並論。他對別人的挑剔越來越嚴重，逐漸發展成對他人的厭惡。他討厭那些平庸的同事、低能的上司，有時甚至說不清對方有什麼具體的缺陷，但他就是感覺不對勁。

　　長此以往，安德森與周圍的人關係搞得很緊張，彼此都感到很彆扭。他經常與同事鬧得不可開交，也往往因一些微不足道的小事而與上司發生齟齬。

　　終於有一天，安德森徹底變成了一個無人理睬的閒人。儘管他確實很有才幹，但上司卻不願再派給他任何任務，同事們也像躲避瘟疫一樣遠離他。在走投無路之際，他被迫寫了一份辭職書，結果馬上得到批准。

　　隨後，安德森又到別處應徵，可是一連換了四五

148

家單位，竟然沒有一處令他感到滿意。這位原本前途遠大的青年，心情變得越來越苦悶，日益形單影隻。在巨大的痛苦煎熬下，他的精神逐漸崩潰，最後被送入了一家精神病醫院。

　　一個人太自以為是，就容易挑三揀四、忘乎所以、剛愎自用，並且在與人相處時會吹毛求疵。這樣的人，即便本領再高強，也不會受人尊敬、被人重用，正如例子裡的安德森。

　　而且，一個太拿自己當回事的人，即使不在言談之中將這種態度表露出來，其身上那種「顧影自憐、孤芳自賞」的氣質也是足以令許多人討厭、不悅的。

　　俄國著名文學家列夫·托爾斯泰說：「一個人就好像是一個分數，他的實際才能好比分子，而他對自己的估價好比分母，分母越大，則分數的值越小。」

我們要放低心態，坦然而平淡的生活，別太自命不凡；應該放平自己的心態，腳踏實地的走好每一步。如果老是惦記著自己是一塊會發光的「金子」而忽視身邊的其他人，那麼就隨時有被埋沒的危險。

無法克制的浮躁和衝動

在現實生活中，年輕人常犯浮躁的毛病。他們內心缺乏寧靜，做事情往往既無準備，又無計畫，只憑腦子一熱、興頭一來就動手去做。他們不是循序漸進的穩步向前，而是恨不得一鍬挖成一口井，一口吃成胖子。結果呢？必然是事與願違，欲速不達。

生活中有些人，他們看到一部文學作品在社會上引起強烈迴響，就想學習文學創作；看到電子業好像薪水不錯，就想學習電子技術；看到外語在對外交往中有著重要作用，又想學習外語……由於他們對學習的長期性、艱巨性缺乏應有的認識和準備，只想「速成」，一旦遇到困難，便失去信心，打退堂鼓，最後一種技能也沒學成。

這種情況，與明代邊貢《贈尚子》一詩裡的描述非常相似：「少年學書複學劍，老大蹉跎雙鬢白。」是講有的年輕人剛要坐下學習書本知識，又要去學習擊

20
YEARS OLD

劍，如此浮躁，時光匆匆溜掉，到頭來只落得個白髮蒼
蒼。

　　一個屢屢失意的年輕人覺得現在在工作上很沒意
思，公司主管並沒有給他重要的職位去訓練，也沒有提
拔他的跡象……於是他決定外出尋求指點。他千里迢迢
來到普濟寺，慕名尋到老僧釋圓，沮喪的對他說：「人
生總不如意，活著也是苟且，有什麼意思呢？」

　　釋圓靜靜聽著年輕人的歎息和絮叨，末了才吩咐
小和尚說：「施主遠道而來，燒一壺溫水送過來。」

　　不一會兒，小和尚送來了一壺溫水。釋圓抓了茶
葉放進杯子，然後用溫水沏了，放在茶几上，微笑著請
年輕人喝茶。杯子冒出微微的水汽，茶葉靜靜浮著。年
輕人不解的詢問：「寶剎怎麼用溫水沏茶？」

　　釋圓笑而不語。年輕人喝一口細品，不由得搖搖
頭：「一點茶香都沒有呢。」

　　釋圓說：「這可是閩地名茶鐵觀音啊。」

　　年輕人又端起杯子品嚐，然後肯定的說：「真的

沒有一絲茶香。」

釋圓又吩咐小和尚：「再去燒一壺沸水送過來。」

又過了一會兒，小和尚便提著一壺冒著濃濃白汽的沸水進來。釋圓起身，又取過一個杯子，放茶葉，倒沸水，再放在茶几上。年輕人俯首看去，茶葉在杯子裡上下沉浮，絲絲清香不絕如縷，望而生津。年輕人欲去端杯，釋圓作勢擋開，又提起水壺注入一線沸水。茶葉翻騰得更厲害了，一縷更醇厚更醉人的茶香嬝嬝升騰，在禪房彌漫開來。釋圓這樣注了五次水，杯子終於滿了，那綠綠的一杯茶水，端在手上清香撲鼻，入口沁人心脾。

釋圓笑著問：「施主可知道，同是鐵觀音，為什麼茶味迥異嗎？」

年輕人思忖著說：「一杯用溫水，一杯用沸水，沖沏的水不同。」

釋圓點頭：「用水不同，則茶葉的沉浮就不一樣。溫水沏茶，茶葉輕浮水上，怎會散發清香？沸水沏

茶，反覆幾次，茶葉沉沉浮浮，釋放出四季的風韻：既有春的幽靜，夏的熾熱，又有秋的豐盈和冬的清冽。世間芸芸眾生，也和沏茶是同一個道理，也就相當於沏茶的水溫度不夠，想要沏出散發誘人香味的茶水不可能；你自己的能力不足，要想處處得力、事事順心自然很難。要想擺脫失意，最有效的方法就是苦練內功，提高自己的能力。」

年輕人茅塞頓開，回去後刻苦學習，虛心向人求教，不久就引起了公司的重視。

水溫夠了茶自然香，功夫到了名自然成。歷史上凡有所建樹的人，往往都是很勤奮、很努力的人。任何一項成就的取得，都是與勤奮和努力分不開的，只要我們功夫做到家，自然能獲得成功。

一個不浮躁、穩健的人，是一個不斷的要求自己、完善自己，使自己不斷適應時代與社會變革的人。

4
CHAPTER
有些錯誤不能再犯了

　　只有不浮躁，才會吃得起成功路上的苦；只有不浮躁，才會有耐心與毅力一步一個腳印的向前邁進；只有不浮躁，才會制定一個一個小的目標，然後一個一個的達到它，最後走向大目標；只有不浮躁，才不會因為各式各樣的誘惑而迷失方向。

20
YEARS OLD

為了穩定而不敢嘗試

有很多年輕人在大學畢業後，找了一份基層的、穩定的、不需要太多專業知識，薪水也不算高的工作。雖然自己偶爾也會有「大材小用」的感覺，但總是無法下定決心拋棄這份穩定的工作，害怕嘗試新的工作。

於是，你日復一日的從事這樣的工作，在學校裡學的專業知識因為用不上完全忘記了，也沒有時時學習，補充新的知識。幾年後，隨著年齡的增長，企業增加了新的人材，你這份穩定的工作隨時都有丟掉的可能。這時你開始緊張了，可是你卻懷疑自己還能做些什麼工作呢。而這一切，都是因為你當初害怕穩定而不敢嘗試的結果。

也許你當初選擇一份這樣的工作，是因為自己對未來的規劃還不太明確，不知道自己喜歡哪樣的工作，只想先找著一份工作，養活自己。這本無可厚非。可是當你發現自己日復一日的只是影印、打字、倒茶、跑腿

時，當你發現工作對自己的前途沒有多大幫助時，當你
發現了自己感興趣的工作時，要及時的跳出這種「穩
定」的圈子，去尋找自己想要的生活，千萬不要因為害
怕改變、害怕冒險而裹足不前。

　　有一個年輕人畢業後在一家公家機關從事一份穩
定的工作，薪水按照人們常說的話，「吃不飽但也餓不
死」。他雖然偶然也會有不滿足的時候，覺得自己的能
力沒有得到真正的發揮，但是想到還有許多人沒有找到
工作，自己已經能養活自己了，也就滿足了。

　　有一天，他的一個朋友告訴他一家知名的外商正
在徵才軟體人才，錄用薪水自然是十分不錯。他的朋友
覺得他在大學學的是這個方面的，而且成績也不錯，極
力鼓勵他去試試。

　　雖然年輕人自己也很想去，但是那個時候他正在
接受公司的在職培訓，馬上就完了。如果真要是應徵上
了那家外商，那麼他一年的培訓時間不就白費了嗎！而
且，現在的工作他已經做了好幾年了，已十分順手了。

雖然薪水不高，但也還算穩定。如果放棄了，豈不是什麼都沒有了。年輕人最後選擇了沒去。

這個年輕人就是因為穩定而不敢去嘗試，失去了一個發展自己的大好機會。

歌德曾說過這樣的話：「一個人不能騎兩匹馬，騎上了這匹馬，就要丟掉那匹。聰明人會把凡是浪費精力的要求置之不顧。」

不要因為貪圖一時的穩定而不敢去嘗試更多的機會。試著給自己更多的嘗試機會，即使失敗了，也不過是從頭再來，沒什麼可怕的。況且在嘗試的時候，你會收穫不少的經驗，這會為你的下一次嘗試打下基礎，讓你最終獲得成功。

4
CHAPTER **有些錯誤不能再犯了**

把批評自己的人當敵人

　　人跟人是不同的。有的人比較直接，所以跟別人表達自己的感情也比較直接：喜歡你就會告訴你，對你好也會讓你感覺出來。有些人比較內斂：即使是關心你的，也不會表現出來，反而會給你個很嚴肅的表情，讓你覺得好像欠了他的錢一樣。這種人，最容易遭到別人的誤解，以為跟他很難相處，把對方當成自己的「敵人」。事實上他對你早就有了一份關心和愛護，相對於你的誤解，他往往更注意自己應該怎樣做才對你有利，怎樣做才能讓你成長得更快。

　　日本大企業家福富先生就曾遇到過這樣的人。在他做服務生的時候，他的老闆毛利先生常常會很嚴厲的責備他。

　　儘管挨罵的時候，自己的心裡是很難過的，可是福富發現自己每次挨了責罵後都會得到一些啟示，學會

一些事情，所以福富當時總是「主動的」尋找挨罵。只要遇見了毛利先生，福富絕不會像其他怕麻煩的服務生一樣逃之夭夭，他會掌握機會，立刻趨身向前，向毛利先生打招呼，並請教說：「早安！請問我有什麼地方需要改進？」

這時，毛利先生便會對他指出許多需要注意的地方，福富在聆聽訓話之後，必定馬上遵照他的指示改正缺點。

福富之所以殷勤主動到毛利先生面前請教，是因為他深知年輕資淺的服務生很難有機會和老闆交談，只有如此把握機會，別無他法。而且向老闆請教，通常正是老闆在視察自己工作的時候，這就是向老闆推銷自己的最佳時機。所以，毛利先生對福富的印象就深刻，對福富有所指示時，也總是親切直呼他的名字，告訴福富什麼地方需要注意。

他就這樣每天主動又虛心的向他請教，持續了兩年。有一天，毛利先生對福富說：「我長期觀察，發現你工作相當勤勉，值得鼓勵，所以明天開始我請你擔任

經理。」就這樣，19歲的服務生一下子便晉升為經理，在待遇方面也提高很多。被人指責訓誨，就是在接受另一種形式的教育。對於毛利先生一年365天的不斷教導，福富至今仍感謝不已。

正如和例子裡的福富先生一樣，當我們在被指責或訓誨時，心裡總是會受到一定的打擊，會覺得很沮喪甚至很失望。尤其是對方說話或者做事的態度很難讓你接受的時候，就會覺得對方很討厭，甚至會對他產生怨恨。但是，你有沒有靜下心來想一想：在你承受對方給你的壓力之後，你是否成長了？或者說，對方是出於什麼心態來批評你的？難道他是跟你有仇，還是只有為了自己的一時發洩？

其實，對方給予你批評，正是希望你能從中知道自己的錯誤，並且能夠從中學習到一些東西。儘管處理事情的方式可能與你不同，可是，給予你批評的人，往往是比任何人都關心你、愛護你的。就如同自己的家長，可能每天都在罵你，但是他們的真實心願是希望你

能儘快的成才；你的上司，可能每天都在責罰你，可是他往往是想讓你儘快的成長⋯⋯

　　人與人之間，表達感情的方式是不一樣的。所以，在遭受委屈而把批評你的人當敵人的時候，一定要用心的想一想：他為什麼這麼對我？這樣，你很快就會明白，批評你的人，原來都是為了你好。

　　不要把批評你的人當成敵人，說不定他們正是促進你成長與成功的重要因素呢！

玩笑開過了火

開玩笑是生活的調味品，開玩笑可以減輕疲勞，調節氣氛，縮短朋友和同事之間的距離，彼此之間產生衝突時，一句玩笑話可以化干戈為玉帛，消除積怨。開玩笑也可以用作善意的批評或拒絕某人的要求。

人際交往中，開個得體的玩笑，可以鬆弛神經，活躍氣氛，創造出一個適於交際的輕鬆愉快的氛圍，因而詼諧的人常能受到人們的喜愛。但是，有的人開玩笑把握不了分寸，開過了火，給對方一種被耍弄的感覺，惹得對方生氣，加深或引發了與他人的衝突對立。

因此我們在開玩笑時一定要把握尺度，掌握分寸。

1. 開玩笑要注意場合、時機和環境

一般來講，在莊嚴、肅穆的場合不能開玩笑，工作時間不能開玩笑，在公共場合和大庭廣眾之下，也儘量不要開玩笑。在非常時期，不能拿非常之事開玩笑，

20
YEARS OLD

在公共傳媒上開玩笑更是要慎之又慎。

2.要注意開玩笑的對象

人的脾氣、性格、愛好不同，開玩笑要因人而異。

開玩笑要注意長幼關係。長者對幼者開玩笑，要保持長者的莊重身份，使幼者不失對長者的尊敬；幼者對長者開玩笑，要以尊敬長者為前提。開玩笑要注意男女有別。男性對語言情境的承受能力較強，一般的玩笑不會導致男性的難堪；女性對語言情境的承受能力較弱，不得體的玩笑會使女性難堪，甚至「下不來台」。開玩笑還要注意親疏的差異。一般情況下，與自己比較親近，熟悉的人在一起，開玩笑，即使重一點，也不會影響友好關係。但與自己比較陌生的人在一起，就不宜開玩笑，因為你對人家的個性、經歷、情趣、隱私不瞭解，可能在開玩笑中冒犯了人家，引起反感，不利於今後的互相瞭解和友誼的發展。

同樣一個玩笑，能對甲開，不一定能對乙開。人的身份、性格、心情不同，對玩笑的承受能力也不同。

天啊！我20歲時在做什麼？
幾歲該要懂的事！
Things must know at 20

對方性格外向，能寬容忍耐，玩笑稍微開大了可能也會得到諒解。對方性格內向，喜歡琢磨言外之意，開玩笑就應慎重。對方儘管平時性格開朗，但如恰好碰上傷心事，就不能隨便與之開玩笑。相反，對方性格內向，但正好喜事臨門，此時與他開個玩笑，效果會出人意料的好。

3. 要注意開玩笑勿傷人自尊

每個人在生理上、心理上、行為或能力上，都可能有不足之處。如果把這些不足之處當做笑料來開玩笑，揭人短處，將會受到人們憎惡。因為有些人最害怕別人揭自己的傷疤，一旦有人冒犯他，他的自尊心會讓他產生很不理智的行為。生活中這類事情時有發生，有時還真讓人想不通，一句玩笑話怎麼會引起那麼大的事情發生？這恐怕是犯了開玩笑的忌諱，沒有掌握好說玩笑話的分寸。

4. 要注意開玩笑的內容不要過「重」

玩笑話要有輕有重，而「重」的玩笑多半是開不得的，它只能在比較特殊的場合才能開。若在一般場合

開比較「重」的玩笑，可能就不再可笑了甚至會變質成悲劇。朋友聚會，為了活躍氣氛，應該選擇一些比較輕鬆的玩笑開，如果不是特殊需要，切不可開比較「重」的玩笑。

玩笑話也不是信口開河隨便能說的，要學會開好玩笑，上面四點絕不能疏忽，這樣你的玩笑才能起到融洽氣氛，拉攏距離，獲得他人喜歡的效果。

每個人都有自己的隱私，而且每個人都不允許別人觸及自己的隱私，當然更不允許別人拿自己的隱私開玩笑。如果誰在開玩笑時違反了這一遊戲規則，誰就會變成一個不受歡迎的人。

別抓住對方的錯誤不放

有不少人在說話時，經常只顧自己痛快，過後才發現不小心傷了別人的心。尤其是當別人做了錯事，或自己因此而吃了虧，就更覺得自己受了委屈而要說出來圖個痛快，於是一些難聽的話就不自覺的冒了出來，結果是痛快了一時而傷了和氣。自己的形象也因這一時的衝動而毀於一旦。

也許有人認為，下級犯了錯誤，作為主管應該嚴厲的訓斥才能得到很好的效果，其實，婉轉的糾正別人錯誤的看法會收到更理想的效果。

西雅圖波音公司的一個部門經理有一次大發雷霆，原來他看到了一份報告上有一個錯別字，那是個拼寫錯誤，有人把Believe寫成了Beleive。

這位經理精明能幹，可是有個怪毛病，他的眼睛裡容不得任何一個小錯誤。於是他叫來了那個寫錯字的

工程師。整個走廊裡都能聽得見部門經理的聲音：「你這個混蛋連這麼點錯誤都要犯，你到底讀過書沒有？E怎麼可能在I的前面，記住，I永遠在E的前面。」

可是，沒過幾天，那位經理又發現了同樣的拼寫錯誤，而且又是出自同一人之手。這次，經理被徹底的激怒了，他叫來了那個「屢教不改」的工程師，怒不可遏的沖他咆哮道：「你耳朵長在頭上了嗎？為什麼我說了你不聽？」

那工程師很平靜，說道：「你不是說I永遠在E之前嗎？」

經理說：「看來你是明知故犯了。」

工程師二話沒說，隨手從桌上拿起一份文件。把上面的Boeing字樣一筆勾去，寫成了Boieng。

由此例子可見，在工作中，不要一味的抓住對方的錯誤。如果例子裡的經理能夠把這個錯誤看小一點，換一種柔和的方式提醒工程師所犯的錯誤，結果也許會大不一樣。而留下一副尖酸刻薄、一味的指責別人的形

4
CHAPTER　　有些錯誤不能再犯了

168

象，那不僅無助於任何事情的發展，更可能阻礙事情向好的方向發展。

當你幾乎控制不住想要批評某人之前，有一種方法可以讓你的心緒漸漸平靜下來，使你重新思考究竟應該怎麼做。這種方法就是：在你批評他人之前，先想想自己：「我做得怎麼樣？是否應該完全怪罪他人？」這樣想過之後或許你會完全改變自己的想法和行為。

讓我們來看看成功學大師卡內基是怎麼做的。

卡內基的侄女喬瑟芬·卡內基在19歲高中剛畢業的時候來到紐約擔任卡內基的秘書。「她當時沒有任何做事的經驗，」卡內基回憶說，「在剛開始的時候，她十分敏感脆弱。有一次我正準備指責她，但馬上對自己說：『等一下，戴爾·卡內基，等一下。你幾乎有喬瑟芬兩倍的年紀，做事經驗更是多出好幾倍，怎麼可以要求她能有你的看法、判斷和主動的精神—何況你自己並不十分出色？還有，戴爾，你在19歲的時候是什麼德行？記得你像蠢驢一樣犯下的錯誤嗎？記得你做過這

些……還有那些……嗎？』

「一想到這裡，我不得不老實的下個結論：喬瑟芬19歲時比我19歲時要好得多——而實在慚愧得很，我沒有稱讚過她。於是，一遇到喬瑟芬犯錯誤，我總是這樣說：『喬瑟芬，妳犯下了一項錯誤。但是，老天知道，我以前也常常如此。判斷力並非生來具備，那全得靠自己的經驗，何況我在妳這個年紀的時候還比不上妳呢。我實在沒有資格批評妳或別人，但是，依我的經驗，假如妳……做的話，不是好些嗎？』」

後來，年輕的喬瑟芬就成為最出色的秘書人員之一。

由此可見，不抓住對方的錯誤不放，懂得用迂迴的方法指出對方的錯誤，更能讓對方接受。

要學會看淡他人的錯誤，設身處地的想一想，也許自己在對方的這個位置上，也會犯同樣的錯誤，這樣就沒有什麼事情是無法原諒的了。

把場面話當真

有些20幾歲的年輕人容易把場面話當真，這是不可取的。

什麼是「場面話」？簡而言之，就是讓別人高興的話。既然說是「場面話」，可想而知，就是在某個「場面」才講的話。這種話不一定代表內心的真實想法，也不一定合乎情理，但講出來之後，就算別人明知道你「言不由衷」，也會感到高興。這是一種應酬的技巧和生存的智慧。但從另一個角度來講，如果別人在某些特定的場合、特定的際遇下對你說了一些場面話，作為聽眾的你千萬不可把這些場面之言當真。

在社交場合，年輕人要學會說場面話，給別人一點甜頭，但萬萬不可輕信別人的一時之言。輕信別人的場面話，有時不只是一種天真，更是一種愚蠢。

張文傑在公司十幾年沒有升遷，於是透過朋友牽

線，拜訪一位掌握調動的單位主管，希望能調到別的單位，因為他知道那個單位有一個空缺，而且他也符合要求。

那位主管表現得非常熱情，並且當面應允，拍胸脯說：「沒問題！」

張文傑高高興興的回去等消息，誰知半個月、一個月、兩個月過去了，一點兒消息也沒有。他打電話過去，對方不是不在就是正在開會；問朋友，朋友告訴他，那個位子已經有人捷足先登了。他很氣憤的問朋友：「那他又為什麼對我拍胸脯說沒有問題？」他的朋友也不知該如何回答才好。

事實上，那位主管只不過說了一些應一時之景的「場面話」，而張文傑卻天真的相信了這些話。

袒露之心猶如在眾人面前攤開的信，那些胸有城府的人總是懂得潛藏隱秘，所以他們說的話大都只是些場面之言。「說者無意聽者有心」，如果你把別人的這些話都當真，只能證明你的天真和幼稚。

　　對於稱讚或恭維的「場面話」，年輕人尤其要保持冷靜和客觀，千萬別因別人的兩句話就樂昏了頭，那只會影響你的自我評價。對於拍胸脯答應的「場面話」，只能持保留態度，以免希望越大，失望也越大；只能「姑且信之」，因為人情的變化無法預測，你既然測不出別人的真心，就只好抱最壞的打算。

　　要知道對方說的是不是場面話也不難，事後求證幾次，如果對方言辭閃爍、虛與委蛇，或避不見面、避談主題，就說明那些真的是「場面話」。所以對這種「場面話」，也要有所區分，否則可能會壞了大事。

　　一個人不可能完完全全的在別人面前表現最真誠的一面，正如一個人不能把別人說過的每一句話都信以為真一樣。場面話，總是可說不可信，一旦違背了這條原則，善良便會退為愚鈍，真誠也會成為傷害自己又危及他人的利器。

輕易承諾，常開「空頭支票」

　　有些人喜歡開「空頭支票」，即輕易的做出承諾後不兌現。也許一兩次，因為特殊的原因無法實現自己的承諾還情有可原，但如果一直這樣，會讓自己的信譽蒙羞，也會對自己的人際關係產生不良的影響。

　　某高校一系主任，向本系的年輕教師許諾說，要讓他們之中2/3的人評上中級職稱。但當他向學校申報時，出了問題，學校不能給他那麼多的名額。他據理力爭，跑得腿酸，說得口乾，還是不能解決問題。他又不願意把情況告訴系裡面的教師，只對他們說：「放心，放心，我既然答應了，一定會做到。」

　　最後，職稱評定的情況公佈了，眾人大失所望，把他罵得狗血淋頭，甚至有人當面指著他說：「主任，我的中級職稱呢？你答應的呀！」

　　從此，他在系裡信譽掃地，校長也對他失去了好

感。

　　恪守信用，即對許諾一定要承擔兌現。「人無信不立」，答應了別人的事情，對方自然會指望著你；一旦別人發現你開的是「空頭支票」，說話不算數，就會產生強烈的反感，正如上述例子裡的情況。

　　「空頭支票」不僅僅增添他人的無謂麻煩，而且也損害了自己的名譽。對別人委託的事情要盡心盡力的去做，同時不要應承自己根本力所不及的事情。華盛頓曾說過：「一定要信守諾言，不要去做力所不及的事情。」這位先賢告誡他人，因承擔一些力所不及的工作或為嘩眾取寵而輕諾別人，結果卻不能如約履行，是很容易失去信用的。

　　我們與別人合作，一個基本前提就是要守信用。假如甲有管理才能，乙有一筆資金，有了這兩個條件，兩人就有合作的可能了。但是兩人未必就能合作成功，還必須相互信任。比如甲拿了錢，得讓乙相信他不會挪作他用，更不會逃之夭夭。

守信的人，才會受他人喜歡。生活中，即使是對於自己能做的事，也不要馬上許諾。因為事物總是發展變化的，你原本可以輕鬆的做到的事可能會因為時間的推移、環境的變化而變得難做。如果你輕易承諾下來，會給自己以後的行動增加困難。所以，即使是自己的事，也不要輕易承諾，不然一旦遇到某種變故，讓本來能辦成的事沒辦成，這樣一來，你在別人眼中就成了一個言而無信的偽君子。

　　給人承諾時，不要把話說得太滿，以為天下沒有辦不成的事，那很容易給人留下虛偽的印象。那麼該怎樣承諾才不會失分寸呢？應該根據具體情況採取相應的承諾方式和方法。以下幾種方法可以借鑒：

　　1. 對把握性不大的事，可採取彈性的承諾。如果你對情況把握不大，就應該把話說得靈活一些，使之有伸縮的餘地。例如，使用「盡力而為」、「盡最大努力」、「盡可能」等較靈活的字眼。這種承諾能給自己留下一定的迴旋餘地。

　　2. 對時間跨度較大的事情，可採取延緩性承諾。

有些事情，當時的情況下可以辦成，可是時間長了，情況會發生變化。那麼，在承諾時可以採用延緩時間的辦法，即把實現承諾結果的時間說長一點，給自己留下為實現承諾創造條件的餘地。

比如，有人要求老闆給自己加薪，老闆可以這麼說：「要是年終結算，公司經濟效益好，公司可以給你調升工資。」用「年終結算」一語表示實現承諾時間的延緩，顯得既留有餘地，又入情入理。

為人處世，應當講究言而有信，行而有果。明智者事先會充分的估計客觀條件，盡可能不作那些沒有把握的承諾。有了承諾，就應該努力兌現，千萬不要亂開「空頭支票」，否則，不僅會傷害對方，還會毀壞自己的聲譽，使你在社會上難有立足之地。

遇事就為自己找藉口

　　20幾歲的年輕人，往往會在沒有完成自己的任務時，告訴自己是因為今天自己心情不好，是因為今天的狀態不好，是因為今天的天氣不好，是因為某某人給我造成了一些影響，是因為……各式各樣的藉口，成為沒有完成自己職責的理由，而真正的原因是自己的懶惰。正是因為各式各樣的理由成了自己不去完成任務的理由，正是這樣的藉口使得自己越來越懶惰，於是久而久之，形成了遇事就找藉口的習慣。

　　一個習慣找藉口的人是一個對自己不負責任的人，遇到問題不從自身找原因，這樣的人是無法成大器的。這樣的人看不到自身的缺點，無法在實踐中不斷磨煉，無法發現自己的缺點，並不斷修正，所以就無法取得進步。他的水準會一直停留在原地，當別人都在往前跑的時候，他卻在原地踏步，那就相當於大踏步的往後退。

　　一個習慣於找藉口的人自身的潛能不能得到最大程度的發揮，例如：我累了，明天再做吧；今天我過生日，所有的工作可以不做了；我覺得自己不能勝任，我還是不做了；即使做了也得不到別人的認可，做了等於沒做，就不浪費這工夫了……他們往往會找出各式各樣的藉口，在心裡進行自我說服，稍微可以說得通，於是就懶惰下來，因為自己已經有了一個「合適」的理由，所以就更加心安理得。長此以往下去，自身的潛能得不到充分發揮，最終會耽誤了自己的前程。

　　海爾就是靠著不找藉口，迎難而上的精神使海爾產品在國內外的市場份額不斷擴大的。

　　有一次，德國經銷商史密斯先生打電話要求海爾必須兩天之內發貨，否則訂單自動失效。兩天內發貨實際意味著當天下午所要貨物就必須裝船，而此刻正是星期五下午兩點，如果按海關等有關部門五點下班計算的話，那只有3個小時了，而按照一般程式，做到這一切幾乎是不可能的。

「保證完成任務，海爾人絕不能對市場說不。」
秉持著這樣的理念，於是，幾分鐘後，船運、備貨、報
關等幾項工作同時展開了，為的就是一定要確保貨物在
當天下午發出。時間在漸漸逝去，一分鐘、兩分鐘、十
分鐘……空氣凝固起來，每個人都全心全力的投入到工
作中。調貨的、報關的、聯繫船期的……

　　當天下午五點半，當史密斯先生得到了來自海爾
「貨物發出」的消息後，改變了他十幾年來的一種信
念。他發來了一封感謝信說：「我做家電十幾年了，還
從沒有給廠家寫過感謝信，可是對海爾，我不得不這樣
做！」

　　假若海爾當時沒有面對問題迎難而上而是覺得這
是根本不可能的事，覺得是史密斯先生故意刁難他們，
那麼也不會在這麼短的時間內達到要求。海爾正是靠著
這種不找藉口，迎難而上的精神成為國際品牌的。

　　不僅企業如此，個人更應如此。我們應對自己嚴格要求：不管是什麼樣的工作，不管是做什麼事情，我們都要明確自己的責任，不要為逃避責任找藉口。如此，才能得到更大的發展，不會和成功失之交臂。

嫉妒他人的成績

　　有的20幾歲的年輕人，看見他人取得了比自己好的成績，心裡就不舒服，滿心嫉妒，不懂得欣賞和學習他人的成績，使自己也錯過了不少成長的機會。

　　20世紀60年代，在美國興起了眾多的零售商店，經過40多年的爭鬥搏殺，沃爾瑪從美國中部阿肯色州的本頓維爾小城崛起，最終發展成為年收入2400多億美元，商店總數達4000多家的大企業，創造了企業界的神話。沃爾瑪的成功得益於其創始人沃爾頓先生懂得欣賞對手、積極向競爭對手學習的習慣。沃爾瑪的競爭對手斯特林商店開始採用金屬貨架代替木製貨架後，沃爾頓先生立刻請人製作了更漂亮的金屬貨架，並成為全美第一家百分之百使用金屬貨架的商店。

　　懂得欣賞對手，學習對手的長處，才能更好的壯

大自己實力，正如沃爾頓先生的做法。因為越是敵人和仇人，可學的東西越多。對方要消滅你，就一定會傾巢而出，精銳畢現。在他們使出渾身解數的時候，也就是傳授你最多招數的時候。

王濤曾到一家世界500強公司求職，順利的通過了第一輪測試，成了9位入圍者之一。

第二輪測試內容很簡單：讓每位入圍者按要求設計一件作品，當眾展示並讓另外8人打分數、寫出相關的評語。

王濤在評分時，對其中三人的作品非常佩服，懷著複雜的心情給他們打了高分，並寫下了讚語。令他意外的是，最後他入選了！更令他意外的是，他欣賞的那三人中只有一位入選，他不明白這是為什麼。這家世界500強公司面試官的一番話使他翻然醒悟。

考官說：「入圍的9個人可以說都是佼佼者，專業水準都很高，這固然是重要的方面。

但公司更為關注的是，入圍者在相互評價中，是

否能彼此欣賞。因為，尊重對手就是尊重自己，只有看得到對方長處的人，才能以寬廣的胸襟接納別人，才能與同事精誠合作，一起打天下。但遺憾的是他們缺乏欣賞對手的眼光，而這點比專業水準重要。」

這個事例正說明了學會欣賞和學習他人成績的重要性。

當今社會競爭十分激烈，能否具有欣賞別人的眼光和接納別人的胸襟，是決定一個人競爭力大小的關鍵因素。

只有擁有了欣賞對手的眼光，才能取長補短，團結協作，共同進步。這也是世界500強企業員工的黃金心態之一。

欣賞、理解、包容自己對手的成績，看淡得失，那麼你的心也會因這份平和而充滿寧靜和寬容。這樣一來，在面對競爭對手的時候，你也可以微笑著、氣定神閒的迎接挑戰：勝利了，贏得輝煌；失敗了，也可以學到很多東西。

4
CHAPTER　**有些錯誤不能再犯了**

世間的萬物都有值得我們學習的地方。放平自己的心態，學會用欣賞和學習的眼光看待周圍人的成績，你也能學會不少知識。

放不下自己的面子

中國人常說：「人活一張臉，樹活一層皮。」「面子」在我們的傳統道德觀念中的地位之重可見一斑。可以說，中國社會對人的約束主要就是廉恥和臉面，然而若因此就固執的以「面子」為重，養成死要面子的人生態度卻不是件好事。

有一個人做生意失敗了，但是他仍然極力維持原有的排場，唯恐別人看出他的失意。為了能重新振興起來，他經常請人吃飯，拉攏關係。宴會時，他租用私家車去接賓客，並請了兩個鐘點工扮作女傭，佳餚一道道的端上，他以嚴厲的眼光制止自己久已不知肉味的孩子搶菜。

雖然前一瓶酒尚未喝完，他已打開櫃中最後一瓶名酒。當那些心裡有數的客人酒足飯飽告辭離去時，每一個人都熱情的致謝，並露出同情的眼光，卻沒有一個

人主動提出幫助。

　　希望博得他人的認可是一種無可厚非的正常心理，然而，人們在獲得了一定的認可後總是希望獲得更多的認可。所以，不少人就像會例子裡生意失敗的人一樣，掉進為尋求他人的認可而活的愛慕虛榮的牢籠裡面，面子左右了他們的一切。

　　50多年前，林語堂先生在《吾國吾民》中認為，統治中國的三女神是「面子、命運和恩典」。「講面子」是中國社會普遍存在的一種民族心理，面子觀念的驅動，反映了中國人尊重與自尊的情感和需要，但過分的愛面子如果任其演化下去，終將得不償失。

　　有一個博士到一家研究所，成為學歷最高的一個人。

　　有一天他到後面的小池塘去釣魚，正好正副所長在他的一左一右，也在釣魚。他只是微微點了點頭，因為不是很熟，所以沒什麼好聊的。

不一會兒，正所長放下釣竿，伸伸懶腰，蹭蹭蹭從水面上如飛的走到對面上廁所。

　　博士眼睛睜得都快掉下來了。水上漂？不會吧？這可是一個池塘啊。正所長上完廁所回來的時候，同樣也是蹭蹭蹭的從水上漂回來了。怎麼回事？博士生又不好去問，自己是博士生哪！

　　過了一陣，副所長也站起來，走幾步，蹭蹭蹭的飄過水面上廁所。這下子博士更是差點昏倒：不會吧，到了一個江湖高手集中的地方？博士生也內急了。

　　這個池塘兩邊有圍牆，要到對面廁所非得繞十分鐘的路，而回去上又太遠，怎麼辦？博士生也不願意問兩位所長，憋了半天後，也起身往水裡跨：我就不信他們能過的水面，我博士生不能過。只聽「咚」的一聲，博士生栽到了水裡。

　　兩位所長將他拉了出來，問他為什麼要下水，他問：「為什麼你們可以走過去呢？」兩所長相視一笑：「這池塘裡有兩排木樁子，由於這兩天下雨水漲正好在水面下。我們都知道這木樁的位置，所以可以踩著樁子

過去。你怎麼不問一聲呢？」

　　上面的這個例子再經典不過了，一個人過於愛面子，難免會流於迂腐。「面子」是「金玉在外，敗絮其中」的虛浮表現，刻意的張揚面子，或讓「面子」成為橫亙在生活之路上的障礙，終有一天會吃到苦頭。

　　因此，無論是人際方面還是在事業上，年輕人都不要因為小小的面子，為自己的生活帶來不必要的麻煩和隱患。其實「面子觀」是一種死守面子、唯面子為尊的價值觀念和行事思想。

　　「面子觀」對我們行事做人有很大的束縛。因此，在不利的環境下我們要勇於說「不」，千萬別過多的考慮「面子」，使自己陷入「面子觀」的障礙之中。

人沒必要為了面子而固執的使自己顯得處處比別人強，彷彿自己什麼都能做到。每個人都有缺陷，不要試圖每一方面都在人上。聰明的人，敢於承認不如人，也敢於對自己不會做的事說不，所以他們自然能贏得一份適意的人生。學會放下不值錢的面子，走出面子圍城，這不是軟弱，而是人生的智慧。

仗著年輕忽視健康

不少年輕人不能夠徹底明白健康對於一個人的重要性，於是在身體健康的時候不停揮霍健康，而等到身體出現不適的時候才追悔歎息。

一個人無論做什麼事，身體健康永遠都是最基本也最重要的前提。在人生的路上，需要你每天都能以精力飽滿的身體去應對一切。尤其是對一些重大的事情，更需要你付出你的全部力量才能成功。如果你只發揮出你的一小部分能力進行學習或做事，那結局一定不會很好。你應該用你旺盛的鬥志以及健康的身體投入，但倘若你因生活不知謹慎而造成精疲力竭，那麼再去學習和做事時，你的效率自然要大減。在這種情形之下，成功是難以得到的。

這就如同一架機器，在毫無故障的情況下，自然可以正常運行，但倘若出現破損或其他故障，便會嚴重的影響做事效率。

20 YEARS OLD

「我為什麼就做不到呢？我並不笨啊！」你清楚的知道自己絕對有這個實力，於是你下定決心一定要考取第一名，並為之努力，甚至把休息的時間也用進去，你最後卻發現這個目標對你而言還是難以達到，於是你為此感到非常困惑。

　　你認清了自己的實力，你也付出了努力，結果卻事與願違，生活中這樣的例子很多。很多人不是能力欠缺，也不是沒有付出努力，也不是缺少機遇，他們的失敗往往就在於體力不支。縱使意志再堅定，你糟糕的身體還是無法幫助你走向成功。事實證明，一個活力低微、精神衰弱、心理動搖、情緒波動的人，永遠不能成就什麼了不起的事業。這就像一匹有「千里之能」的駿馬，倘若食不飽、力不足，那麼在競賽時恐怕也要敗給最普通平常的馬。

　　聰明的將軍絕不會選擇在軍士疲乏、士氣不振時，統率他們應付大敵。他一定要秣馬厲兵，充足給養，然後才肯去參加大戰。同樣的道理，如果想在我們人生的這場戰役中取得勝利，你能否保重身體，能否保

有些錯誤不能再犯了

持你的身體於「良好」的狀態。因為，一個具有一分本領的體力旺盛的人，可以勝過一個體力衰弱有十分本領的人。

健康的體魄可以增強人們各部分機能的力量，而使其效率、成就較之體力衰弱的時候大大增加，也使人在學習和工作上處處取得成效、得到幫助。

所以，凡是有志成功、有志上進的人，都應該愛惜、保護體力與精力，而不使其有稍許浪費於不必要的地方，因為體力、精力的浪費，都將可能減少我們成功的可能性。

生活中有很多有志於成就大事的人，卻因沒有強健的體魄為後盾，而導致壯志未酬身先死。然而世間又另有太多的人，有著強壯的身體卻不知珍惜，任意浪費在無意義、無益處的地方，而摧毀了珍貴的「成功資本」。

美國前總統羅斯福曾說：「我從小就是一個體弱多病的孩子。但我後來要決意恢復我的健康，我立志要變得強健無病，並竭盡全力來做到這點。」倘若羅斯福

不對身體加以注意與補救，他的一生，恐怕很難像現在如此輝煌了吧？

也許你會說即便擁有健康的身體也並不等於擁有所有，誠然，但是如果你失去了健康，那卻意味著你失去了所有，因為健康始終是一個人最必需的。所以，從現在開始牢牢的守護你的健康，不要等到它溜走了你才追悔感傷。

CHAPTER 5

20歲應該要懂的事

學會借助外力為成功加速

　　古往今來，孤立的人都無法取得成功，真正成就一番事業的人都善於與他人密切合作。因此，我們一定要著力追求和培養把個人的創造力融入團體協作的合作精神，這樣才能更受成功的眷顧，讓成功來得更早。

依靠朋友快速走向成功

「在家靠父母，出門靠朋友」，這句話已經被演繹成各種形式的奇聞趣事，但萬變不離其宗，一句話：朋友多了路好走。朋友，是你生命中投緣的貴人，當你身處逆境的時候，他們會像女神一樣降落在你的跟前，給你溫柔，給你陽光，給你希望；他們還會像盤古開天闢地的那把斧一樣，幫你斬斷荊棘，鑿開絆腳石；他們又像你的守護神，時刻關注著你，時刻等候著你，這就是朋友的功能─威力無窮！

靠朋友去闖天下，這絕對是一條捷徑。

十幾年前的劉利柱還是一個來自河北的窮小子，他的命運轉機由他20歲那年決定進京闖蕩開始，由最初的白手起家，到現在的固定資產超過百萬，他可謂是贏得了事業上的成功。如今，他又和另外一家民營公司合作，打算拓展國外市場。有人不禁要問：一個來自河北

的窮小子，是如何白手起家，取得如此的成功呢？套用他自己的話就是「我能有今天，靠的都是朋友的幫助」。的確，是人脈造就了他的成功。

剛到北京，劉利柱被朋友推薦去了一家珠寶公司任職，負責在廣州籌建業務。在工作期間，他認識了第一批廣州朋友，其中有很多都是在廣州的香港人。在這些朋友的介紹下，他加入了廣州香港商會。又經推薦當上了香港商會的副會長。利用這個平臺，他認識了更多的在廣州工作的香港成功人士。

後來，劉利柱在朋友的推薦下開始投資房地產。由於當時廣州的房地產已經開始炒熱了起來，有時候即使排隊都買不到房子。但在朋友的幫助下，劉利柱透過一些朋友，可以很容易買到房子，而且還是打折的。幾年後，在朋友的建議下，劉利柱又陸續把手上房產變現，收益頗豐。正如他自己總結的，「我的之所以會這麼順利，正是得到了朋友的幫助。」

上述事例說明，朋友猶如鳥之羽翼，車之四輪，

能夠助你輕鬆飛上高空，快速駛向成功的高點。

　　一個人在外打拼實在不易，如果能得到朋友的幫助就如雪中送炭，如虎添翼，正所謂「多個朋友多條路」。因此我們在平時的生活時，一定要注意多結交朋友，懂得依靠朋友，加速到達成功的高點。

善於借用他人的智慧為己所用

俗話說：「一個籬笆三個樁，一個好漢三個幫。」還有句古話說得好：「三個臭皮匠，勝過一個諸葛亮。」每個人各有各的優勢和長處，我們一定要善於發現別人的優勢和長處，取之所長，補己之短。

一個人不能單憑自己的力量完成所有的任務，戰勝所有的困難，解決所有的問題。須知借人之力也可成事，善於借助他人的力量，既是一種技巧，也是一種智慧。

《聖經》中有這樣一則故事：

當摩西率領以色列子孫們前往上帝那裡要求贈予他們領地時，他的岳父傑羅塞發現，摩西的工作實在超過他所能負荷的。如果他一直這樣的話，不僅僅是他自己，大家都會有苦頭吃。於是傑羅塞就想辦法幫助摩西解決問題。他告訴摩西，將這群人分成幾組，每組1000

人，然後再將每組分成10個小組，每組100人，再將100人分成兩組，每組50人。最後，再將50人分成五組，每組10個人。然後傑羅塞告誡摩西，要他讓每一組選出一位首領，而且這個首領必須負責解決本組成員所遇到的任何問題。摩西接受了建議，並吩咐負責1000人的首領，只有他才能將那些無法解決的問題告訴自己。自從摩西聽從了傑羅賽的建議後，他就有足夠的時間來處理那些真正重要的問題，而這些問題大多數只有他自己才能夠解決。簡單一點說，傑羅塞交給摩西的，其實就是要善於利用別人的智慧，善於啟發集體的智慧，用別人的力量幫助自己克服難題。

很多事情就像上述例子裡的這樣，當我們無力去完成一件事時，不妨向身邊可以信任的人求助，也許對我們來說費力不討好的事情，對他們來說卻可能不費吹灰之力就能輕鬆「搞定」。與其自己苦苦追尋而不得，不如將視線一轉，呼喚那些有能力解決問題的人，這樣贏取勝利的過程自然會順利不少。

　　一個小女孩在沙灘上玩耍。她身邊有一些玩具—小汽車、貨車、塑膠水桶和一把亮閃閃的塑膠鏟子。她在鬆軟的沙灘上修築公路和隧道時，發現一塊很大的岩石擋住了去路。小女孩企圖把它從泥沙中弄出去。但是，那塊岩石對她來說太重了，她手腳並用，使盡了全身的力氣，岩石卻絲毫不動。最後，她筋疲力盡，坐在沙灘上傷心的哭了起來。

　　這整個過程，她的母親在不遠處看得一清二楚。「女兒，妳為什麼不用上所有的力量呢？」女孩啜泣道：「媽媽，我已經用盡全力了，我已經用盡了我所有的力量！」

　　「不，孩子，妳並沒有用盡妳所有的力量。妳沒有請求我的幫助。」說完，母親彎下腰抱起岩石，將岩石扔到了遠處。

　　同樣一塊石頭，對於小女孩來說是無法搬動的巨石，而對於母親來說只是一個小石塊。同樣，生活和工

作中很多事情，在我們看來相當困難，對另一些人來說卻輕而易舉，因為每個人都有自己的優勢領域和劣勢領域，聰明的人要懂得借別人的優勢來彌補自己的劣勢。

　　不要羞於向別人求助，有時對自己來說是天大的難事，對別人而言不過只需要動動手指頭。尤其對自己所欠缺的東西，更需要多方巧借。善於借助別人的力量，善於利用別人的智慧，廣泛的接受多家的意見，多和不同的人聊聊自己的構想，多傾聽別人的想法，多用點腦子來觀察周遭的事物，多靜下心來思考周遭發生的一些現象，將讓你受益匪淺。

　　正如奧地利著名作家斯蒂芬‧茲威格說的：「一個人的力量是很難應付生活中無邊的苦難的。所以，自己需要別人說明，自己也要幫助別人。」所謂孤掌難鳴，獨木不成橋，在這個世界上沒有完美的人，巧妙的借助他人的力量為我所用，自然會有事半功倍的效果。

團隊合作才會成功

　　有一些年輕人，只工作不合作，寧可一頭栽進自己的工作之中，也不願與周圍的人有密切的交流。這樣的人，想靠單打獨鬥把自己帶到事業的頂峰是不可能的。因為，當你費了九牛二虎之力在專業上有所突破的時候，人家早已遙遙領先，你的心血也就隨即變成「明日黃花」了。

　　當今時代是市場經濟時代，市場經濟是廣泛的交往經濟，20幾歲的年輕人離不開與各種類型人的合作；當今時代又是競爭時代，我們只有選擇合作，才能成為最具競爭力的一族。

　　一家銷售公司徵才高層管理人員，9名優秀應徵者經過初試，從上百人中脫穎而出，闖進了由公司老總親自主持的複試。

　　老總看過這9個人詳細的資料和初試成績後，相當

滿意，而且，此次徵才只能錄取3個人，所以，老總給大家出了最後一道題。

老總把這9個人隨機分成A、B、C三組，指定A組的3個人去調查本市嬰兒用品市場；B組的3個人調查婦女用品市場；C組的3個人調查老年人用品市場。老總解釋說：「我們錄取的人是用來開發市場的，所以，你們必須對市場有敏銳的觀察力。讓大家調查這些行業，是想看看大家對一個新行業的適應能力，每個小組的成員務必全力以赴！」臨走的時候，老總補充道：「為避免大家盲目開展調查，我已讓秘書準備了一份相關行業的資料，走的時候自己到秘書那裡去取！」

兩天後，9個人都把自己的市場分析報告送到了老總那裡。老總看完後，站起身來，走向C組的3個人，分別與之一一握手，並祝賀道：「恭喜3位，你們已經被本公司錄取了！」然後，老總看見大家疑惑的表情，呵呵一笑，說：「請大家打開我叫秘書給你們的資料，互相看看。」原來，每個人得到的資料都不一樣，A組的3個人得到的分別是本市嬰兒用品市場過去、現在和將

來的分析，其他兩組的也類似。老總說：「C組的3個人很聰明，互相借用了對方的資料，補全了自己的分析報告。而A、B兩組的6個人卻分別行事，拋開隊友，各做各的。我們出這樣一個題目，其實最主要的目的，是想看看大家的團隊合作意識。A、B兩組失敗的原因在於，他們沒有合作，忽視了隊友的存在。要知道，團隊合作精神才是現代企業成功的保障！」

例子裡C組的三個人，就是因為彼此的合作，最後才都取得了工作的機會。

古往今來，孤立的人都無法取得成功，真正成就一番事業的人都善於與他人密切合作。因此，我們一定要著力追求和培養把個人的創造力融入團體協作的合作精神，這樣才能更受成功的眷顧，讓成功來得更早。

同行要競爭，更要合作

　　不少人覺得同領域的競爭對手就是自己的冤家，他們不僅會互相排斥競爭對手，還非要爭個你死我活才肯甘休。

　　其實在同行業之間，競爭能夠催人奮進，合作也有利於在互惠互利的基礎上達成共贏，為大家創造一個良好的經營空間和利潤空間。

　　李艾在市裡一條熱鬧的街上開了一間書店，開張三個月後，生意還算不錯。可惜好景不長，一個姓裴的商人很快就在街角也開了一間書店，一份生意兩家做，自然就沒有當初那麼賺錢了。於是兩家書店打起了「價格戰」，兩個老闆見到對手眼睛就冒火。

　　兩個月後，李艾拿起計算機一算帳才發現，兩個月來，勞心勞力卻利潤微薄，幾乎成了賠本買賣，想來對手也好不到哪裡去，不過生意可不能這樣做了，他決

定與同行和解。兩人一商量，裴某提出了個建議：兩家書店儘量避免進同類圖書，這樣就不會出現惡性競爭了。半年下來，兩家書店都有盈利，兩個老闆也成了不錯的朋友。

摩根說：「競爭是浪費時間，聯合與合作才是繁榮穩定之道。」這正是上述事例的真實寫照。在現代競爭中，聯合競爭對手、共同發展是一種策略，雙方為了共同利益攜起手來，齊頭並進，達到雙贏的目的。

比如，有肯德基的地方，基本都有麥當勞，他們是競爭關係，但是，我們沒有看到什麼時候肯德基發動過什麼「戰役」把麥當勞給消滅了，相反，他們在互相競爭中促進彼此的進步，同樣共同培育了各自的市場。

惡性競爭是有害而無利的，要想讓自己獲得長久的利益，就必須掌握雙贏的技巧。在這方面，猶太人是運用的最為爐火純青的，他們信奉「互為依靠，有錢一起賺」的贏錢之道。這一原則，已被現代猶太人發展成為如下的經營理念：

1.**現代社會，提倡競爭，鼓勵競爭。**競爭的目的是為了相互推動，相互促進，共同提高，一起發展。

2.**兩軍相爭，你死我活，非勝即敗。**在市場競爭中，誰都想勝不想敗。說市場競爭的各公司是「敵手」，因為他們在彼此競爭中帶有以下性質：一是保密性，競爭者在一定階段一定情況下，都有一定的保密性；二是偵探性，競爭者幾乎都在彼此刺探情報，以制定戰勝對方的策略；三是獲勝性，競爭諸方無一不想勝利，都想獲取一定利潤，讓自己的產品佔領市場；四是克「敵」性，假若市場不能容納全部競爭者，任何企業都想保存自己而「滅掉」對方，即使市場能容納全部競爭者時，他們也還是都想以強「敵」弱。

3.**雖然競爭公司間有點像戰場上的「敵手」，但就其本質來說是不一樣的。**這是因為：公司經營的根本目標是為社會作貢獻，公司的產品是滿足社會需要的，公司賺的錢也被國家、公司和員工三者所用，公司間的競爭手段必須是正當合法的，在這種意義上講，公司之間完全可以相互幫助、支持和諒解，應該是朋友。

4.**市場競爭是激烈的，同行業公司之間的競爭更為激烈。**競爭對手在市場上是相通的，不應有冤家路窄之感，而應友善相處，豁然大度。這好比兩位武德很高的拳師比武，一方面要分出高低勝負，另一方面又要互相學習和關心，勝者不傲，敗者不餒，相互間切磋技藝，共同提高。

5.**在市場競爭中，對手之間為了自己的生存發展，竭盡全力與對手競爭是正常的現象。**但是，在競爭中一定要運用正當手段，也就是說，只能透過品質、價格、促銷等方式進行正大光明的「擂臺比武」，一決雄雌，切不可用魚目混珠、造謠中傷、暗箭傷人等不正當手段損傷對手。

6.**天高任鳥飛，海闊憑魚躍。**市場是廣闊的，多元的，一個有靈敏頭腦的老闆，在已被別人擠滿的熱門康莊大道上，不必因為自己受擠而妒火中燒，應果斷的避開眾人，踏上冷僻的羊腸小路，照樣可以經過一番跋山涉水的艱辛，到達光輝的頂點。

7. 在現代社會條件下，市場形勢是瞬息萬變的。

市場形勢此時可能對甲企業有利，彼時又可能對乙企業有利。所以，年輕人應「風物長宜放眼量」，不可以一時勝負論英雄，更不可以一時失利而遷怒於競爭對手。

同行之間不僅要競爭，更要合作雙贏。依靠對手的力量，將眼光放遠，舍小利逐大利，才能取得最大的利潤。

與強者建立合作關係

西方有句古諺說：「獅子和老虎結了親，滿山的猴子都精神。」這句話的意思是說，與強者建立互利的夥伴關係會產生煥然一新的新景象。

在追逐成功的過程中，這句諺語同樣適用。面對強者，最聰明的做法莫過於變對手為援手，由原來的敵對變成互利。

溫州的立峰集團就是其中的一個具有說服力的例子。

在溫州，立峰集團一開始只是一個生產摩托車閘把座的小廠，老闆張峰因開發出防腐性能超過日本標準並填補中國空白的摩托車閘把座，而得以在摩托車製造行業中占得一席之地。當這一產品成為日本進口零件的替代品，得到了國內市場的認同之後，張峰爭取到了中國最大的摩托車生產企業—中國嘉陵集團的合作合約。

其後，張峰憑藉自己建立起來的良好的信譽，尋求與嘉陵集團更深層次的合作。1992年，雙方達成協議，共同出資建立里安嘉陵立峰摩托車配件有限公司，該公司的註冊資金為600萬元，由嘉陵集團投資180萬元，占總股本的30％，公司專為嘉陵集團生產摩托車閘總成零部件。

　　自從與中國摩托界的老大合作後，立峰集團產值在3年時間內翻了一倍，規模與效益擴大了10倍。在此基礎上，張峰又提出將配件生產擴大為整件生產，從而利用了嘉陵集團的技術優勢與品牌優勢，開發出各種類型的嘉陵立峰摩托車。這些摩托車主要用於出口。透過這種合作關係，「嘉陵」和「立峰」雙方都獲得了利潤。

　　在「嘉陵」方面，得以降低了生產成本，取得了合乎品質要求的配件和整車；而在「立峰」方面，則除了獲得利潤外，還獲得了先進的生產技術和品牌知名度，企業的壯大發展也很快上了軌道。它不僅擁有了摩托車整車的生產技術和經驗，而且擁有了產品進入市場

所不可或缺的資金和先聲奪人的聲勢，還擁有了摩托車銷售的既成管道，可謂「一石三鳥」。

及至一切條件都已成熟，由立峰公司獨立開發生產的大排量、高檔次的重型摩托車問世了，並迅速通過了技術鑑定，獲得了摩托車生產許可證。從一家生產摩托車零件的小工廠發展成為摩托車市場中的一個巨頭，這其中不能說沒有嘉陵的功勞。

正是與強者嘉陵建立了互利的夥伴關係，才有立峰的今天。

我們生活在這個社會上，難免要和其他人合作，一幢房子，一個人建不了；一場球賽，一個人打不了；一家企業要發展，一個人做不了……合作是成功的土壤，是人類生存的必須，而與何種人建立這種合作的夥伴關係；是智者，還是弱者，聰明的商人，當然會毫不猶豫的選擇與強者建立互利的夥伴關係。

當然，與強者建立夥伴關係並不是一件容易的事，需要你找準與他們的利益交匯點，若無利可圖，誰

也不會和你合作。生意的本質就是在公平的基礎上達到互惠互利。

隨著社會的發展，每一個個體都將與其他個體建立互惠關係，這樣整個經濟才會大步邁進，而人均財富的差距也將開始慢慢縮小。違背市場發展規律和不適合市場發展環境的人都將被市場所淘汰。任何競爭中都不會有輸家，唯一的輸家將是退出競爭的人。在互惠關係確立之後，所有的任都是贏家，互相受益。

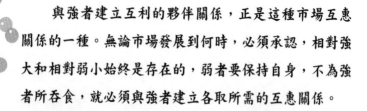

與強者建立互利的夥伴關係，正是這種市場互惠關係的一種。無論市場發展到何時，必須承認，相對強大和相對弱小始終是存在的，弱者要保持自身，不為強者所吞食，就必須與強者建立各取所需的互惠關係。

人的情報勝過文字情報

在這個資訊發達的時代，擁有無限發達的資訊，就擁有無限成功的可能。資訊來自你的情報站，而情報站就是你所認識或不認識的人，多與其他人接觸，你能獲得的情報就更多，成功的可能性也就越大。

商場上稱資訊為「情報」。那麼，年輕人應該如何獲得成功路上必需的情報呢？

通常，最有效的方法有以下幾種：經常看報；與人建立良好關係；養成讀書習慣。其中，成功者最重要的情報來源是「人」。「人的情報」無疑比「文字情報」重要得多。越是一流的經營人才，越重視人的情報，就越能為自己的發展帶來更多的方便。

日本三洋電器的總裁龜山太一郎就是很好的例子。他被同行譽為「情報人」，對於情報的收集別有一番心得，最有趣的是他自創一格的「情報槽」理論。他說：「一般彙集情報，有人和事物兩個來源。我主張多

20
YEARS OLD

從他人那裡獲得一些情報。如此一來，資料建檔之後隨時可以靈活運用，對方也隨時會有反應，就好像把活魚放回魚槽一樣。把情報養在情報槽裡，它才能隨時吸收到足夠的營養。」

把人的情報比喻成魚既有趣，又十分有智慧。一位有名的評論家也說：「我每一次訪問都像燒一條魚一樣，什麼樣的魚可以在什麼市場買到，應該怎麼烹調最好，我得先弄清楚。」

對於成功者來說，如何從他人那裡得到情報及處理情報，這樣的工作，其實有時和記者的工作是一樣的。許多記者都知道，在沒有新聞時，設法找個話題和人聊聊，就能捕捉到許多新聞線索。成功者也是這樣，當你沒有辦法隨時外出時，那就利用電話來跟朋友們討教吧！

當你獲得的「人的情報」越多，你的成功之路就會越走越順。

京城「火柴」收藏家呂春穆就是很好的例子。他

原是北京一所小學的美術教師。一天他在雜誌上看到一位教師利用收集到的火柴商標激發學生們的學習興趣和創作靈感的報導，他決定收集火柴。於是，他展開了廣泛的交際活動。他油印了200多封言詞中肯、情真意切的短信發到各地火柴廠家，不久就收到六、七十個火柴廠的回信，並有了幾百枚各式各樣的精美的火花。

此後，他主動走出去以「火柴」為媒，以「火柴」會友。1980年，他結識了在新華社工作的一位「柴友」。這位熱心的朋友一次就送給他20多套火柴，還給他提供資訊，建議他向江蘇常州一位「柴友」索購一本「柴友」們自編的《火柴愛好者通訊錄》，由此他欣喜的結識了國內100多位未曾謀面的「柴友」。他與各地「柴友」交換藏品，互通有無；他利用寒暑假，遍訪各地藏柴已久的「柴友」，還透過各種途徑與海外的集花愛好者建立起聯繫。就這樣，在廣泛交往中他得到了無窮無盡的樂趣和享受，也為他帶來了不少財富。

他先後在報刊上發表了幾十篇有關火柴知識的文章，還成為《北京晚報》「諧趣園」欄目的撰稿人。他

20
YEARS OLD

的火柴藏品得到了國際火柴收藏界的承認，並躋身於國際性的火柴收藏組織的行列。1991年，他的幾百枚火柴精品參加了在廣州舉辦的「中華百絕博覽會」……他以14年的收藏歷史和20萬枚的火柴藏品，被譽為「火柴大王」而名甲京城，獨領風騷。

呂春穆之所以能收藏如此之多的火柴，除了他自身的喜愛外，人脈也在其中起到了十分重要的作用。他可以認識更多的「柴友」，在新華社工作的朋友提供的資訊很關鍵，此後他擴大了「柴友」夥伴，彼此互換資訊，運用火柴的知識，寫稿獲得稿費，並最後還獲得了「火柴大王」的殊榮。

人脈的作用在生活中各種細微的方面都影響著你的生活。所以在平時的生活中，要注意「人脈情報」的累積，如果你想得到更多的資訊，就要有意識的編織自己的人脈網，並不斷去豐富和發展它。

連橫合縱，讓天下人帶你成功

　　唐代著名政論家趙蕤在他的《長短經》一書中說：「得人則興，失人則毀，故首簡才，次論政體也。」意思是說，任何的事業，得到人才就會興旺，失去人才就會失敗。一個王朝的興亡更替，和統治階層是否注意收攬和重用人才有著直接的關係。所以要先注意人才的收攬，其次才能談及制度的建立。

　　同樣，在現代，沒有哪一個成功的人是孤軍奮戰的。想要獲得成功，就必須利用各方勢力，連橫合縱，讓天下人為帶你成功。

　　有「巧手大亨」之美譽的張果喜是江西果喜實業集團公司董事長兼總經理，他在開拓日本市場時照顧好各方面的利益，善待盟友和對手，很快便成為日本佛龕市場的「龍頭老大」。

　　張果喜在日本取得了一定的市場地位以後，就與

20 YEARS OLD

219

日商建立了穩固的代理關係，全部佛龕產品都由日商代理經銷。不久，新情況出現了，隨著張果喜生產的佛龕在日本市場的暢銷，一些頗具眼光的日本商人看到銷售這種佛龕非常有利可圖，為降低進貨成本，一些銷售商就想走捷徑，繞過代理商直接從張果喜那裡進貨。

面對這個新情況，張果喜進行了慎重考慮，從眼前利益看，銷售商的直接訂貨，減少了中間環節，廠方確實可以多得一些錢，撈到實惠。但從長遠考慮，接受直接訂貨，就意味著將失去已花費了很大力氣開闢的以往的銷售管道，甚至使以往的銷售管道背離自己，這無疑得不償失。

基於這樣的考慮，張果喜委婉而又堅決的回絕了那幾家要求直接訂貨的零售商，繼續維持與日本代理經銷商的盟友關係。後來，日本代理商知道此事後，十分感動，增強了對張果喜的信任，對推銷宣傳方面下了不少工夫。基於為張果喜打出了「天下木雕第一家」的招牌。

與此同時，張果喜清楚的看到，生產佛龕是一種

利潤豐厚的行業，除了他的果喜實業集團公司，韓國等地製作的產品也有相當的滲透力，更不用說在日本本土還有成千上萬的同類中小企業了，如果照以前那樣，單靠原有的銷售網路和一兩個合資的株式會社，與強大的競爭對手抗衡，只能處於劣勢而被人家踩在腳底下。

於是，張果喜決定擴大「同盟軍」，把一些原先的對立派拉到自己一邊。為慎重起見，張果喜還與他的智囊團成員對此細細的做了分析研究，選擇了分散在日本各地的有代表性的一些中小型企業。經過多方協調，於1991年成立了「日本佛龕經銷協會」，專門經銷果喜集團的漆器雕刻品。

這種變消極競爭為積極合作的方式，當年立竿見影，張果喜在日本佛龕市場的份額占到六成，取得了更大的市場主動權。

這就是張果喜的連橫合縱策略，擺脫眼前利益和一己之利的束縛，開闊視野，正確處理與盟友和競爭對手的關係，最終穩住了陣地，讓自己獲得了更大的成

20
YEARS OLD

就。

在邁向成功的道路上，有時候憑自己一人的力量是無法打開局面的，必須借助各方的勢力。正如著名商人胡雪巖所說：「勢利、勢利，利與勢是分不開的，有勢就有利，所以權場的勢利，商場的勢利，江湖的勢利，我都要，這三勢要到了，還不夠，還有洋場的勢利。」

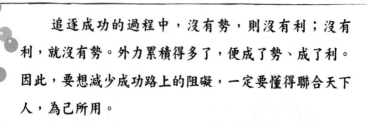

追逐成功的過程中，沒有勢，則沒有利；沒有利，就沒有勢。外力累積得多了，便成了勢、成了利。因此，要想減少成功路上的阻礙，一定要懂得聯合天下人，為己所用。

讀品文化
Spirit Surprise 讀者回函卡

謝謝您購買這本書。
為加強對讀者的服務，請您詳細填寫本卡，寄回**讀品文化**，並將務必留下您的E-mail帳號，我們會主動將最近「好康」的促銷活動告訴您，保證值回票價。

書　　名：天哪!我20歲時在做什麼?：20歲應該要懂的事
購買書店：＿＿＿＿＿＿市／縣＿＿＿＿＿＿＿書店
姓　　名：＿＿＿＿＿＿＿＿＿＿＿＿＿＿
身分證字號：＿＿＿＿＿＿＿＿
電　　話：(私)＿＿＿＿＿　(公)＿＿＿＿＿　(傳真)＿＿＿＿＿
E-mail　：＿＿＿＿＿＿＿＿＿＿＿＿＿＿＿＿＿＿＿
地　　址：□□□＿＿＿＿＿＿＿＿＿＿＿＿＿＿＿＿＿
年　　齡：□20歲以下　　□21歲～30歲　　□31歲～40歲
　　　　　□41歲～50歲　□51歲以上
性　　別：□男　□女　　婚姻：□已婚　□單身
生　　日：＿＿＿年＿＿月＿＿日
職　　業：□學生　　　　□大眾傳播　□自由業　□資訊業
　　　　　□金融業　　　□銷售業　　□服務業　□教
　　　　　□軍警　　　　□製造業　　□公　　　□其他
教育程度：□國中以下（含國中）　□高中以下
　　　　　□大專　　　□研究所以上
職 位 別：□在學中　□負責人　□高階主管　□中級主管
　　　　　□一般職員　□專業人員
職 務 別：□學生　　　□管理　　□行銷　　□創意　□人事、行政
　　　　　□財務、法務　　　　　□生產　　□工程
您從何得知本書消息？
　　　　　□逛書店　　　□報紙廣告　□親友介紹
　　　　　□出版書訊　　□廣告信函　□廣播節目
　　　　　□電視節目　　□銷售人員推薦
　　　　　□其他
您通常以何種方式購書？
　　　　　□逛書店　　　□劃撥郵購　□電話訂購　□傳真訂購
　　　　　□團體訂購　□信用卡　　□DM　　　　□其他
看完本書後，您喜歡本書的理由？
　　　　　□內容符合期待　□文筆流暢　□具實用性　□插圖
　　　　　□版面、字體安排適當　　　□內容充實
　　　　　□其他
看完本書後，您不喜歡本書的理由？
　　　　　□內容不符合期待　□文筆欠佳　　□內容平平
　　　　　□版面、圖片、字體不適合閱讀　□觀念保守
　　　　　□其他＿＿＿＿＿＿＿＿＿＿＿＿＿＿＿＿＿
您的建議
＿＿＿＿＿＿＿＿＿＿＿＿＿＿＿＿＿＿＿＿＿＿＿＿
＿＿＿＿＿＿＿＿＿＿＿＿＿＿＿＿＿＿＿＿＿＿＿＿

剪下後請寄回「22103新北市汐止區大同路三段194號9樓之1讀品文化收」

廣 告 回 信
基隆郵局登記證
基隆廣字第 55 號

221-03

新北市汐止區大同路三段 194 號 9 樓之 1

讀品文化事業有限公司

編輯部　收